京津冀协同发展过程中的邻避风险防范研究

朱　伟　沈芮伊　范茹芝　秦绪坤　编著

Research on NIMBY risk governance during the coordinated development of the Beijing-Tianjin-Hebei region

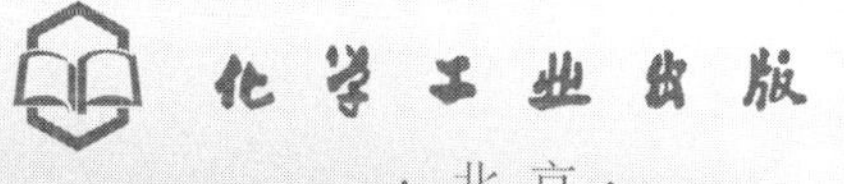

·北京·

图书在版编目（CIP）数据

京津冀协同发展过程中的邻避风险防范研究 / 朱伟等编著 . — 北京：化学工业出版社，2019.1

ISBN 978-7-122-33650-7

Ⅰ . ①京…　Ⅱ . ①朱…　Ⅲ . ①重大建设项目 - 影响 - 社会稳定 - 风险管理 - 研究 - 华北地区　Ⅳ . ①F282 ②D672

中国版本图书馆 CIP 数据核字（2019）第 002361 号

责任编辑：刘亚军　　文字编辑：谢蓉蓉

责任校对：边　涛　　装帧设计：张　辉

出版发行：化学工业出版社（北京市东城区青年湖南街 13 号　邮政编码 100011）

印　　装：北京新华印刷有限公司

710mm × 1000mm　1/16　印张 8½　字数 124 千字　　2019 年 3 月北京第 1 版第 1 次印刷

购书咨询：010-64518888　售后服务：010-64518899

网　　址：http://www.cip.com.cn

凡购买本书，如有缺损质量问题，本社销售中心负责调换。

定　　价：**39.00 元**

前言

京津冀协同发展是新时期的一项重大国家战略。《京津冀协同发展规划纲要》明确提出："到 2030 年，首都核心功能更加优化，京津冀区域一体化格局基本形成。"可以预见，京津冀协同发展必然伴随着大量的基础设施、产业、环境保护等大型项目的建设。这一战略的实施不仅能极大地缓解北京"大城市病"问题，还将为整个京津冀地区乃至全国的区域发展布局提供强劲动力。

同时，在过去的十年中，我国的公民对环境、健康和安全风险的防范意识日益提升，通过各种途径参与相关风险决策的能力也不断提升。在这一社会意识转变的总体趋势下，公众对自身所在周边地区的建设可能具有潜在风险的公共项目和产业项目的态度十分敏感，致使近年来我国多地提出对垃圾处理、石化、核电站、有色金属冶炼等项目设施选址的抗议。由此，邻避风险成为区域发展中不可回避的重要问题。

编著者正是在这种背景下研究京津冀协同发展中可能出现的邻避风险，从总体上分析京津冀公众对环境风险的感知水平和对待邻避设施的一般态度，预先研判京津冀协同发展中邻避项目可能引发的社会稳定风险，并借鉴国内外的经验和教训，从风险沟通和风险管理等方面提出防范和应对邻避风险的具体建议。

本书由北京城市系统中心朱伟、北京师范大学社会学院沈芮伊和范茹芝、国家安全生产应急救援指挥中心秦绪坤共同编写。本书共分为七章，第 1 章介绍邻避问题研究的现有基础，剖析邻避问题的实质以及影响公众对邻避设施接受度的主要影响因素，作为本研究的理论起点。第 2 章介绍京津冀协同发展战略的目标、任务和进展，构成京津冀地区新一轮重大项目建设的宏观背景。第 3 章则运用现有的理论针对京津冀过去十多年中已经发生的邻避事件以及京津冀协同发展中国邻避风险的特殊性，对京津冀邻避风险展开前瞻性研究。第 4 ～ 6 章从国内外典型邻避事件及其应对中总结经验教训，为京津冀协同发展的邻避风险防范提供借鉴。第 7 章在前面分析的基础之上，从公众参与、风险沟通和经济补偿机制三个方面为京津冀协同发展过程的邻避风险防范提供对策建议。

鉴于水平有限，书中难免存在不足之处，恳望读者提出宝贵意见。

编著者

2018 年 11 月

目录

图表目录

引言

京津冀协同发展是一项重大的国家战略，不仅为京津冀地区的发展创造历史机遇，还将推动环渤海经济区发展、带动北方腹地发展，对全国的区域经济发展布局具有重大历史意义。京津冀协同发展的核心是京津冀三地作为一个整体协同发展，有序疏解非首都功能、解决北京“大城市病”是基本出发点。京津冀协同发展将在京津冀交通一体化、生态环境保护、产业升级转移等重点领域率先取得突破。京津冀协同发展将推进产业升级转移，推动公共服务共建共享，加快市场一体化进程，打造现代化新型首都圈，努力形成京津冀目标同向、措施一体、优势互补、互利共赢的协同发展新格局。

京津冀协同发展过程中挑战与机遇并存。协同发展战略是一次重大利益结构的调整，可能潜藏社会矛盾和风险。本书关注的是京津冀协同发过程中的邻避风险，主要基于以下三点考虑。

第一，京津冀协同发展涉及数量众多的建设项目。一方面，在产业转移进程中，从北京优先疏解的产业具有一定的污染性，可能在项目承接地引起当地居民的反对和抗议；另一方面，一些以高新技术为基础的交通项目尽管环境风险可控，但是由于公众对新兴技术缺乏了解，可能存在较高的风险感知。比如，京津冀区域范围内将新建的多条磁悬浮城市轨道交通，磁悬浮交通具有一定的电磁辐射、噪声和震动，对沿线居民的正常生活可能造成一些影响，2007—2008 年，沪杭磁浮项目曾在上海引发较大范围的公众抗议。京津冀协同发展过程中产业转移、市场搬迁、项目新建等涉及数量众多，分布广泛，发生邻避型群体性事件的概率增大。

第二，京津冀地区社会经济发展不平衡成为邻避风险的背景因素。北京、天津、河北人口加起来有1亿多，土地面积有21.6万平方公里，京津冀地缘相接、人缘相亲，地域一体、文化一脉，但是三地经济发展水平差距较大。尽管京津冀协同发展使三地差距有所缩小，但是2016年，京津冀三地的人均GDP分别是11.82万元、11.51万元和4.31万元，北京和天津的人均GDP分别为河北的2.74倍和2.67倍。2016年，北京和天津居民人均可支配收入分别为52530元和34074元，而河北省城镇和农村居民人均可支配收入分别仅为28249元和11919元[1]。根据2014年的数据，河北地区仍然分布着39个国家级贫困县，构成了环京津的“C型”不闭合的贫困带。受到经济发展水平的限制，河北地区的民生发展水平也显著低于京津两地，在协同发展过程中，这种区域发展不平衡的经济和社会结构可能产生一定的社会风险，一旦接触到邻避事件等环境冲突问题将显现为社会矛盾。

第三，公众的环保意识和民主参与诉求日益高涨。从2007年厦门PX事件开始的十多年中，我国多地因核燃料、蓄电池厂、有色金属冶炼、石化、垃圾处理设施等邻避项目选址而发生规模不等的群体性事件。这说明经历了经济和财富的高速增长之后，公众的环境、健康和安全意识日益上升，并试图通过种种集体行动影响选址决策，如一些地方的环保社会组织发展起来，对项目上马的环评和稳评、信息公开等方面展开社会监督，公众要求有邻避项目的知情权和建议权。

京津冀协同发展正是在这样的社会变迁进程中实施的一项重大战略。因此，如何改进决策方式、有效防范和化解邻避风险具有十分重要的现实意义。

本书以现实问题为导向，运用现代风险治理理论、政策过程理论和利益相关者理论，讨论邻避问题的本质特征和影响公众邻避风险感知的主要因素，结合当前协同发展中的重大决策涉及的关键领域分析京津冀地区项目投资和邻避风险全貌，结合京津冀社会经济发展特征和社会心态剖析邻避风险的诱发因素，总结20世纪60年代以来西方国家应对邻避风险的主要经验和我国近年来的经验和教训，为京津冀协同发展过程中的邻避风险防范提供政策建议。

[1] 数据来源：北京市、天津市、河北省2016年国民经济和社会发展统计公报。

第 1 章
邻避问题的提出及主要影响因素

1.1 邻避事件的兴起

近年来，因危险设施选址问题而形成的邻避型群体性事件呈现高发趋势，邻避冲突愈演愈烈，发生数量不断增多，抗争范围不断扩大，冲突矛盾不断升级，已成为我国公共冲突治理的一大难题。邻避冲突，又称“不要在我家后院”（Not-in-my-backyard，简称 NIMBY），是指地方民众由于担心邻避设施（NIMBY facilities，如垃圾焚烧厂、变电站等）建设所带来的诸多负面影响而进行的反对行为（Dear，1992），如垃圾场、污水处理厂、殡仪馆、精神病院、PX 厂、PC 厂、电厂等，可能对周边居民自身健康、居住环境和自有资产价值等带来负面影响，从而产生嫌恶情绪，并发起的强烈的、坚决的、高度情绪化的社会反抗行为。这些项目都是与居民意愿相悖的，有时也被称为 LULU（Locally Unwanted Land Use）。其发生率和激化率是评判地方政府管理能力与水平的重要指标（赵定东，谢攀科，2015）。

邻避冲突不仅严重影响了社会的和谐稳定与发展，而且对于我国政府的治理能力构成极大挑战。邻避事件的产生有多方面的原因。从积极方面来看，有助于倒逼政府严格环境监管程序和信息公开，推动环境法治建设；但是，如果处理不当，则会影响政府的公信力、削弱政府的执政能力，影响公共服务的供给，甚至引发新的社会矛盾（李佐军、陈健鹏、杜倩倩，2016）。

邻避事件缘起于19世纪的美国，一名纽约曼哈顿区的女士将房子临时借用给有犯罪经历的人以保护他们，然而此举遭到了周围邻居的反对，该女士发起了反对运动以作斗争。邻避事件形成一定规模是在19世纪70年代中期，由垃圾处理设施选址引发的一系列邻避冲突在美国愈发增多。由于担心居住环境、生活品质、生活安全甚至是房屋价值受到影响，居民们反对政府或者开发商在自家附近兴建垃圾填埋场、焚化炉、机场、监狱、收容所、精神康复中心、戒毒服务中心等。公共房屋甚至也成为备受争议的对象。尽管大家都认为邻避设施对城市发展不可或缺，却希望能够远离自己，落址它处。这种观念，一度成为美国"20世纪80年代的大众政治哲学"。用《纽约时报》的话来说，那是一个不折不扣的"邻避时代"。同时期，有关核废料的储存选址问题，在英国、瑞典、荷兰等欧洲国家逐渐成为公众议题，并不同程度地受到了选址地方的邻避抗议和更广义的环境运动的挑战。进入20世纪90年代，邻避事件开始在日本、韩国、我国台湾地区等各地出现（娄胜华、姜姗姗，2012)。

在我国，随着近十年来城市化进程加速和公民权利意识的兴起，邻避冲突也正在成为一个突出现象，备受关注的有云南怒江水电站项目、厦门PX事件、北京和广州建立垃圾焚烧厂项目以及大连PX项目等。集体抗议常常发生在这些由居民邻里发起和参与的、以环境公平为诉求的非政治性的日常生活领域，构成当前中国社会领域突发事件的经常形式。

可见，由选址问题引发的邻避事件并非一个转瞬即逝的地方现象，它在世界各地频繁发生，成为越来越普遍的城市冲突形式之一。中国式的邻避事件由于受到社会文化、民族特征、政治环境以及自然环境的影响，除了具有邻避事件普遍的特征之外，还具有自身的特征。

1.2 邻避概念的提出

邻避这一词源自英文NIMBY (Not in my backyard)，用来描述那些兴建能够带来整体性社会利益、但对周围居民产生负面相应的设施（王佃利、徐晴晴，2012)。NIMBY这一词汇的表述有"邻避问题""邻避冲突"，也有人笼统地称为“邻避症候群”“邻避效应”。邻避设施是指“服务广大地区民众，但可能对生活环境、居民健康与生命财产构成威胁，以至于居民希望不要设置在其家附近的设施”（李永展，1997）。

在对技术选址的地方性反应的研究中使用邻避主义一词是出现在 20 世纪 80 年代，当时这个缩写刚出现。Wolsink 将邻避主义定义为“总体上赞成的同时出于个人利益的考虑而抗议在自己居住的环境周围建设”（Wolsink，2000），通俗地说，就是“好是好，但不要建在我家后院”。但是很多作者对于邻避主义的概念缺乏清楚的认识，简单地把邻避主义等同于地方性反对意见。在平常的使用之中，邻避主义被当作不理性、自私、阻挠、反对变化的代名词，并被认为是将个人利益放在集体利益之上。

近年来很多著作在研究那些解释反对可再生能源设施的话语之间的相关性，并且取得了一些进步（Dan，2007；Devine-Wright，2009；Haggett，2011；Kempton，et al.，2005；Wolsink，2012）。这些文献里有一些共性，在解释地方选址的反对意见时，邻避主义是一个不精确的并且没有用的概念。研究表明，很难在现实生活中找到一个真正的邻避主义者——赞同可再生能源却又出于个人利益考量而反对的人（Bell，et al.，2013；Wolsink，2000）。

大量研究尝试提供在各种可再生能源项目选址案例中，解释更多更复杂的支持和反对意见。这些研究找出了如下因素：地方依恋、对于地点和技术的象征性表达、政治社会环境的价值观念。除此之外，更多关于土地使用的纷争的文献早已意识到了计划和决策过程以及当地人和责任方的关系这两方面的特点对于产生反对立场的影响。虽然学术研究已经渐渐意识到邻避已经不能解释反对意见了，可是它仍在公众话语中保持强势（Wolsink，2012）。

关于邻避主义的讨论和信息不对称模型也有些共性，早期的模型认为公众缺乏科学知识并且需要接受这方面的教育。这样一来，对于科技创新的恐惧和反对就能够简单地用公众缺乏科学知识来解释，并且还可以通过学习足够的知识和接受教育来弥补（Sturgis，Allum，2004）。但用缺乏知识来框定公众意见被系统地批判了——公众获取科学知识与否更多不是基于智力，而是受到社会结构性因素造成的社会渠道、信任、与权威冲突后协商等因素的影响（Wynne，1991）。很明显，不管是邻避主义的文献还是信息缺乏的文献都是复杂的，将其直接相提并论过于简单化。但其中也有一些相似之处，邻避和公众信息缺乏模型都因为建构了一群缺乏正确知识、客观性、理性、需要教育的公众而受到批驳，都包含了关于公众消极的描述、关于冲突的解释、关于冲突如何回应的标准期望。当然也有积极的描述模型，它认为公众是积极的公民，对风险关切和反对拥有合法的观点、专业知识，在环境保护方面形成了社会公共环境 (Devine-Wright，2011；Irwin，Michael，2003；Wynne，2001)。

1.3 邻避争议的实质

1.3.1 风险分布不均衡

现代风险“伴随着阶级和阶层地位的不平等，带来了一种完全不同的分配逻辑”（Beck，1992）。邻避设施的风险分布往往很不均衡，这主要体现在设施的“负外部性”会对不同地区的人群产生不同的影响。邻避设施具有“负外部性”（O’Hare，Sanderson，1993），即设施为一定区域内的多数人口带来收益，但其带来的负面影响或潜在风险却集中作用于项目周边的少数人口。这就导致了邻近设施生活的人群产生强烈的被剥夺感和不公平感，对自身生命健康、财产安全和生活环境的担忧促使他们采取抵抗设施的一系列行动。桂昆鹏（2013）在通过 GIS 对南京市邻避设施与居民居住区的空间地理位置的观察中发现，这些非居民意愿的土地使用一般都建在低收入的居住区周围，如该市的垃圾中转站。当垃圾中转站为全市服务时，居住在该设施周围的居民却要忍受恶臭。当绝大多数人只享受该项目带来的福利时，周围居民还要承担其带来的环境与健康风险。

以 PX 项目为例来说明风险分布的不平衡性。数据显示，截至 2010 年，我国已成为世界上最大的 PX 生产和消费国，产能占全球总产能的 24%，消费量占全球总消费量的 32%，可见我国 PX 供应量远远不能满足需求量。就全国范围来看，建设 PX 项目设施可以填补国内巨大的需求缺口，惠及广泛人口，并且拉动地方经济的发展，促进就业；但只有居住在 PX 项目设施附近的少部分民众需要承担设施的潜在风险。利益和风险的不均衡格局为邻避冲突埋下了隐患，而邻避设施固有的风险分布不均性是引发邻避争议的实质之一（李晨，2011）。

不均衡分布的风险正是邻避事件的动因，一部分人只需享受福利，而另一部分人（邻避设施的居民）却承担着实实在在的风险，不管是日常生活质量还是健康水平，因为邻避设施的建立，生活的方方面面都受到了真实的损害。这种不均衡产生的剥夺感削弱了群众心中感受到的正义，他们感受到自身未受到公平对待，对政府的信任也随之下降。正义感知与信任正是影响着群众在邻避问题上持有态度的重要因素。

1.3.2　风险的不确定性

风险一方面表现为收益的不确定性，另一方面也表现为成本和代价的不确定性。邻避项目本身所具有的风险是它引起争议的原因之一，不确定性是风险最重要的特征。由于缺乏对风险相关有效信息的了解，民众对于邻避项目的风险感知一般情况下不同于实际风险。不可知风险的存在促使民众产生邻避情绪、爆发邻避冲突。首先，信息不对称使得民众缺乏关于邻避项目的相关了解，风险的未知因素相较于利益的其他相关方（如开发商）更多，不确定性不仅影响民众的风险评估，更是增加民众负面情绪的推手。一方面，这导致民众对邻避项目的接受度趋于保守；另一方面，非理性的负面情绪常常是引发重大邻避冲突的导火索。

邻避设施周边居民在心理上对邻避设施的风险存在不确定性忧虑，可能是源于对历史上此类邻避设施所导致的意外事件的恐惧。一方面，周边居民对化工类企业并不信任，担心他们为了追求经济利益而忽视环保措施；另一方面，也担心意外事故的发生，此类典型事故有 1986 年乌克兰切尔诺贝利核电站 4 号反应堆爆炸事故、2010 年大连输油管道爆炸事故等。因为部分邻避设施的高风险性，当事故来临时，不管是专家还是技术人员，都没有办法完全控制严重的后果，因此为居民生活和生命安全带来了隐患。

风险本身的不确定性必然带来利益相关方不同的风险评估与风险感知，由此导致利益各方的分歧。对英国风能发电站邻避问题的一项研究发现，由于对风能发电站风险感知的不同，开发商将“信息缺乏”“不理性”“自私”“邻避主义”等标签贴在当地居民身上，这导致该项目的邻避争端（Burningham，Walker，Gordon，2015)。由此可见，风险本身的不确定性是引起邻避情绪，导致邻避冲突的重要因素。

1.3.3 主体价值多元

价值多元指邻避事件中的不同主体的价值取向不同，这也就涉及多方利益主体的博弈。就邻避事件中的核心利益相关者政府、企业及设施周边民众来看，三方的利益角度就存在很大差异。地方政府出于政治利益的考虑（即提高“政绩”），聚焦于项目的经济利益，一个工业设施建成后往往能拉动地方的GDP、提供更多就业岗位等，这往往是政府首要看重的，而容易轻视与设施相伴而生的环境污染和地方需承担的生态风险。企业方对于经济效益的追求就更加直接，设施建成带来的市场价值是他们最为关注的。周边居民虽然在某种程度上也是邻避项目经济利益的受益者，但由于“邻近”，他们必然更关注项目本身会带来的健康危害、环境污染等风险。各方的价值取向不同，对于设施所持有的立场、采取的行动也就各不相同，邻避争议就在所难免。

在现实情况中，一个项目的运行所牵涉的不仅有政府、企业和地方民众三方，还关系到社会组织、技术专家等主体，因此矛盾也会更加复杂。同一个主体间也会存在利益和价值的分异，这在客观上又增加了价值冲突的可能性。以成都PX项目邻避冲突为例，由于该项目地理位置的特殊性，使其影响范围波及整个成都平原，导致成都市区各界人士，从商人到艺术家、从普通公务员到学生的群体性反抗。政府官员因为PX项目对整个成都经济综合实力发展的重要性而坚持落建，中石油方面因为市场的需求和企业盈利的需要也极力推动项目落成，成都市民长时间生活在天府之国优美的环境之中，接受不了这样一个具有负外部效应的设施，各界奋起反抗，形成了多次有组织、有秩序的“散步”。

邻避事件的产生不仅仅是因为利益分布不均或者风险分布不平衡，由于涉及的利益相关主体众多，包括不同阶层、不同学识、不同地区、不同职业的各色人等，他们之中的价值观念必然是多元的，多元的价值观念在对待同一问题时，所采取的态度和立场以及因此做出的决定和采取的行动都会千差万别，这是影响邻避问题走向的重要因素，也是较其他社会问题更为特殊的一点。

1.3.4　公私领域冲突

邻避冲突的矛盾交集点一般出现在政府与居民之间，邻避项目一般都是具有负外部效应的公共项目。基础设施类似于垃圾焚烧厂、核电站、火葬场、高速铁路等项目本是致力于公众福祉的设施，然而在修建和使用这些设施的过程之中，可能对周围的民众产生环境、经济、声誉上的不良影响。例如，民众对于邻避设施形成了一个问题思考的逻辑链——其所在的生态环境一旦遭到破坏和恶化，其居住环境的舒适度就会降低，而且生态环境的恶化必将降低环境质量，进而导致投资意愿下降，相应地，人、财、物等各种资源就会远离本地。因此，这类邻避项目常常会产生居民与政府之间的冲突对立。这种冲突，是公共领域政府或者社会的利益与个人或小群体利益之间的冲突，需要给予极高的重视，并且妥善处理。在双方利益冲突不可调和的情况下，需要加强双方沟通，通过协商与妥协，达成和解。

由于产生邻避情绪的个体或群体代表的是私人的利益，因此当其反对一些公共福祉时，会被贴上“邻避主义”的标签，使其被污名化，并由此产生对邻避问题的迷思，不利于邻避冲突的解决。最早的定义是一个群体将人性的低劣强加给另一个群体并加以维持的动态过程。戈夫曼将污名化定义为社会赋予某些个体或群体以贬低性、侮辱性的标签，进而导致社会不公正待遇等后果的过程。现代社会由于对日益增多的风险的担忧，人们赋予污名的对象范围发生了改变，不再局限于对群体或个人的污名，而是推广到任何被认为是有危险的事物、技术和组织上来。污名化具有破坏性、快速污染性、不易消除性的特点，一旦某个群体或者事物被污名化过后，其影响很难被消除，并且其影响还会扩散到方方面面，并且具有历史性（Burningham，Walker，Gordon，2015)。

通过对风能发电站的开发商和技术人员的访谈发现，怀有邻避情绪的群众常常被认为是缺乏合法性的。邻避就意味着自私，反对者只关心“自家后院”，只基于自身利益考量来进行项目选址。

这种公私领域的利益冲突容易引起对反对群众的一味批判，不利于邻避冲突的解决。另一方面，过于强调私人权力，否定公共福祉也不利于社会的全面进步。社会在发展建设的过程中，基础的项目设施不可或缺，虽然可能会给一部分公众带来损失，但是社会福利的覆盖需要公私领域的妥协。

1.3.5 社会力量作用凸显

邻避问题是公民意识增长和政治空间发展的结果（陈宝胜，2012），社会力量的邻避事件中的作用不可低估。社会作为政府市场之外的第三方力量，在邻避冲突的过程中起着很重要的作用。虽然感受到邻避设施影响是该设施附近的大部分居民，然而在社会组织力量薄弱，群众相对比较分散的情况下，邻避情绪仅仅是存留在个人及其社交圈之内，无组织力量无法集中起来针对政府或者企业申诉其需求。随着时代的发展，公众越来越关心自身的权益，也越来越具有群体组织性，当分散的居民由于统一邻避问题自发地、有组织地汇集在一起，共同为自身权益发声申诉时，社会的力量就展现了出来。小区网上论坛、居委会、业委会、业主大会等主体牵头，带领群众为其利益发声，争取自身权益，社会力量使邻避问题有了一定的影响力，成为不可忽视、不可怠慢处理的问题，更使得邻避成了为政为商者重点关切的问题。近年来，中国单位制改革过后，社区成为基层的基本单位，从“单位人”变成了“社区人”（何艳玲，2009），社区居民越来越关心自己所生活的社区的质量，社区运动成为一股浪潮，邻避事件成为其运动之一。这样的一股力量成为邻避事件在世界各地不断爆发的力量支持，它既是社会进步的体现，也是阐述问题的发声者。

改革开放40年来，市场经济体制逐步建立并不断完善，政治体制改革稳步推进。当群众认为社会不公，感觉自身权益受到侵害时，会主动行使民主权利，强调自身的知情权、参政权、抗议权、求偿权。社会转型期也是进行利益调整的时期，当普通民众意识到自己的权益受到侵犯时，会采取各种方式来表达自己的利益诉求。当群体性利益被侵害时，他们会通过一些对抗性的集体行动向政府和有关单位施压，以期得到上级政府的重视。我国大部分群体性事件的确是依靠上级官员的指示和命令解决的，这就更加强化了群众不相信法律，相信权力，不相信地方政府，相信省级或中央政府的心理。另外，参与群体性事件的群众一般存在从众心理，认为“法不责众”。在群体性事件的酝酿阶段，由于人群聚集以及情绪的互相感染，个体往往屈从于大多数人的意见，人们比较容易受到暗示，组织者的行为和语言总是被群体所模仿。一旦参与了此类事件，参与者就不再是独立的个体，他们以群体成员的身份存在，这容易导致参与者丧失责任心，不再考虑法律的约束而做出违法的事情（管在高，2010）。

如果社会力量过于强势，民众对于个人权利追求过甚，可能导致问题的严重化。众多学者的研究已经证实：随着经济的发展，公众的环境意识不断增强，越来越重视自己的生活和工作环境，对周边进驻的项目和企业的关注度也不断提高，在谈到涉及环境隐患的项目时，心理上往往会产生恐慌甚至“谈虎色变”。群体性事件的发生往往是由于民众诉求得不到及时有效的回应、环境权益得不到保障而导致不满情绪不断累积的结果。民众产生了一种误导性的预期：如果你想让你的问题得到解决，就得制造点“威胁稳定的事端”；如果你连“稳定”都不会威胁，你的问题就别想得到解决。一些群体或个人过度采用法律以外的方式甚至暴力来表达和发泄不满，如集体“散步”、集体“晒太阳”等，也就是俗称的“大闹大解决，小闹小解决，不闹不解决”，导致民众利益维护方式的极端化，进而绑架了政府。这是当前邻避事件频发的主要根源。

1.4　邻避设施的类型

我国邻避事件涉及的项目主要包括垃圾焚烧厂、变电站、PX 化工项目（李佐军、陈健鹏、杜倩倩，2016）。邻避设施大致可以分为污染类、风险集聚类、污名化类和心理不悦类，如表 1-1 所示。

表 1-1　邻避设施的类型及京津冀地区典型代表性事件

邻避设施的类型	基本含义	代表性事件
污染类	在运行过程中可能产生空气、水、土壤及噪声污染等的设施(如：高速公路、市区高架、垃圾处理设施、污水处理设施)，因具有潜在危险性或污染性导致民众反对	“2006 年广州罗冲围松南路居民反对建加气站事件”；“2003 年北京望京西园居民抗议附近建加油站事件”；“2009 年广州千人集会抗议南景园变电站事件”

续表

邻避设施的类型	基本含义	代表性事件
风险集聚类	该类设施风险高，发生概率低，但一旦发生风险必然造成巨大的人员和财产损失(如：变电站、加油站、加气站、发电厂、核电站等)，因而引致的民众反对情形	“2006年广州罗冲围松南路居民反对建加气站事件”；“2003年北京望京西园居民抗议附近建加油站事件”；“2009年广州千人集会抗议南景园变电站事件”
污名化类	由于对于某些群体的污名化，造成对于该类人群集聚的设施(如：戒毒中心、精神病治疗机构、传染病治疗机构、监狱、社会流浪人员救助机构)产生的反对情况	“2008年成都育才小区担心传染病反对附近建医院事件”；“2009年杭州西城年华小区居民反对精神病医院进驻小区事件”；“2006年广州荔新大厦业主抗议精神病治疗机构进驻事件”
心理不悦类	令人心理不悦的设施类型(如：火葬场、殡仪馆、墓地)，具有满足社会需求的服务功能，但令附近住户感到不舒适，为了防止可能产生实质或潜在伤害身体或财产的威胁而发起的抗议	“2008年重庆渝北区龙城天都小区居民要求附近殡仪馆迁址事件”；“2009年台湾屏东居民抗议市立殡仪馆选址事件”；“2009年北京万科青青家园居民抗议附近墓地事件”

资料来源：事件分类来源于陶鹏和童星（2010），代表性事件由作者搜集整理。

1.5 影响公众对邻避设施选址态度的主要因素

1.5.1 风险感知

风险感知是公众主观感受到的危险设施可能带来的潜在风险，从我国典型的环境群体事件案例来看，风险感知在促使公众走上街头表达反对意见方面起到了主导作用（刘冰，2015）。公众感知到的风险主要有三类，即健康安全风险、环境风险和财产风险（Portney，1991；Schively，2007）。人们如何感知这些风险影响了邻避设施的公共接受性，并塑造了当地反对意见（Kunreuther，et al.，1990）。一般来说，风险感知对塑造公众态度起反向作用，即民众感知到的风险越大，就越可能对邻避设施持反对态度（Easterling，Kunreuther，1995；Kunreuther，et al.，1990）。风险感知的不一致通常导致邻避事件或其他反对的社会行动，有时它们被视为是公民对传统科技专家智慧作为设施选址标准的挑战。

个人对风险的感知很大程度上取决于个人所掌握的关于这个项目的知识

或信息。大多数外行人对具体的某个技术并没有足够的知识，这种知识的缺乏就会影响公共的风险感知（Siegrist，Cvetkovich，2000）。在大多数案例中，居民的风险感知要大大强于专家或科学家。以 PX 项目为例，目前关于 PX 物质的安全性尚无统一的说法。理论上 PX 有毒但非剧毒，沸点高而挥发性低，发生泄漏容易失火但不易爆炸。不同组织机构对 PX 的评价也不一。国际评估化学品致癌的权威机构 (IARC) 认为证明 PX 致癌的证据不足；但欧盟把 PX 列为有害品，因为当人体吸入过量 PX，眼睛及上呼吸道会受到刺激。对 PX 的性质了解不充分的民众极有可能在认知层面上放大风险，把可控的潜在风险等同于必然发生的不可控危害，从而采取相应的反抗措施来反对 PX 项目建设。

物理空间也与公众的风险感知密切相关。一般来说，在邻避设施周边范围的民众所感知到的风险更高，与邻避设施相距较远的民众风险感知较弱。Dan (2007) 的研究发现，接近性（proximity）的确在强烈地影响着公众对拟建项目的感知，但这个影响的强度和空间范围可能会由于当地环境和土地“价值”的不同而不同。Devine-Wright (2005) 对“临近性假设”做的实证研究表明，当人们住得离风电设施越近，其风险感知就会越强。但这一结论不是绝对的，人们的感知还受到如风轮机的尺寸、颜色等因素的影响，与物理距离相对的“社会距离”被证明很可能是人们持有消极态度的重要原因。事实上，人们在利益空间位置上存在的个体化差异，最终必须是以各种形式的物理限制下的社会进程（social processes）为基础的。

一些国外的研究表明居民对邻避项目的风险感知是动态可变的，一个风电项目未建设前居民可能会感到较高的风险从而排斥它，但风电项目建成后，当地人有了对项目产生影响的实际体验，他们的风险感知则会得到调整，反对的态度也逐渐消失（Warren,2005）。另外，社区过去是否有过邻避设施建设的经验，也会影响居民的感知（Gallagher，Ferreira，Convery，2009）。

李际 (2016) 认为，引发邻避事件的直接原因是心理因素，这是一种主观评价，涉及了价值判断，属于伦理学范畴。价值判断和事实判断不同，风险感知可能以事实为基础，但不一定是对项目本身科学性的准确认识。从伦理学视角来看公众对邻避项目的风险感知，它提示我们风险感知涉及事实和价值两个判断维度。

媒体也是一个风险的放大站。现代的网络媒体为信息传播提供了一个迅捷的渠道。人们通过网络媒体接收到大量的信息，关于邻避项目的消息也可以通过网络迅速获得。一方面，网络强大的搜索功能使人们可以瞬间找到关于邻避项目的任何信息（其中包括负外部性影响的信息），为邻避冲突提供了知识动力。网络提供的海量信息中也有许多虚假信息，普通公众受到“宁可信其有”的心理驱使，很容易产生邻避情结；另一方面，网络、手机、微博等现代传播工具极大提高了邻避冲突的政治动员效率，可以迅速放大抗争声音，形成强大的舆论压力，增加了邻避冲突的有效性（刘雅静、唐利，2014）。

1.5.2 风险沟通

风险沟通（risk communication）的说法最早由美国环保署首任署长威廉·卢克希斯提出。随着研究的不断深入，风险沟通的定义也得到了丰富和发展（周立娟，2015）。

风险沟通的定义中，最具代表性的是由科万罗提出的，他认为风险沟通就是在有利害关系的个人或组织之间带有目的性地交换与健康或环境风险相关的信息。具体地说，就是在利害关系的个人或组织之间传播关于健康或环境风险的信息，这些信息包括风险的状况和重要性以及如何制定政策、采取行动控制风险。其中，有利害关系的组织包括政府、专业组织、公司、公众利益团体、工会和媒体；有利害关系的个人则包括个别市民和科学家。

美国国家科学院对风险沟通的定义是：个体、群体和机构之间的信息和观点的交互活动，这一过程涉及多侧面的风险性质及其相关信息，不仅直接传递与风险有关的信息，还表达对风险事件的关注意见、反应，以及发布官方在风险管理方面的政策和措施。这个定义注重高风险沟通双方的双向互动，以及如何保证风险沟通的有效进行。不同于单向告知，风险沟通更强调利益相关主体之间基于风险感知的对话与合作。

一个良好的风险沟通除了具备启蒙、知情权、态度改变等功能之外，还应具有公共涉入和公共参与功能。风险沟通能够调和政府、企业、专家和公众之间关于风险问题日益激化的矛盾，通过各种沟通方式增进相互了解，促进一种新的伙伴和对话关系形成。在应对各种风险的过程中，公众参与和信任会带来更好的风险应对与治理。

风险沟通是 IRGC❶ 风险治理框架的要点，有效的风险沟通是利益相关方协商的前提条件，风险沟通为各方提供了对话协商所需要的重要信息，确保了各方的信息、利益和价值都被考量到，这样使得风险决策更加有效（Renn，2015）。

风险沟通主要涉及科学界、公众、政府、企业四个主体的信息交流。公众与科学界的沟通关键在于如何将专业化的知识以通俗的形式传递给公众，使之能客观、科学地来认识风险。而公众与企业、政府的沟通要依靠政府搭建起一个沟通平台，充分尊重公众的知情权，将政府方和企业方所掌握的信息公开给民众，这不仅是促进决策程序公正的必要举措，也是提升公众对政府信任度的关键。

信息透明公开有助于缓解居民邻避情绪。政府应公开环境评估结果、项目建设规划、项目相关补偿政策等信息，让民众了解，以便对项目的建设具有参与感，减少对未知的恐惧，从而有效缓解其邻避情绪。信息不仅仅是风险评估的依据，更是情绪的缓和剂。有效的沟通体现利益各方对待问题的态度，信息的有效传递能够帮助各方及时准确地了解问题现状，并针对此做出相应的恰当的回应，在邻避风险扩大之前进行及时的控制。

政府为民众开放意见听取通道，向民众普及项目相关科学知识，在项目规划的过程中听取民众意见，公开决策信息，开放决策过程。这样的一系列举措不仅仅能在信息技术层面，更能在情绪心理层面影响公众对于邻避设施选址的认知。

1.5.3　程序公正

西方的政治传统含有一种程序主义民主，认为政治和法律的决策都是基于公正的过程做出的。这样公正的过程被认为是能够提高决策制定过程的合法性的。传统的社会心理学认为程序正义在影响人的认知方面是重要的。更高的公正程度带来更高的接受度，而当愤怒水平比较高时，程序和分配公正就变得尤为重要。

❶ International Risk Governance Council, 国际风险治理理事会。

根据选址实践，人们渐渐发现，仅从风险感知的角度解释公众态度对改进公共决策是远远不够的，公众对风险的本能评估包括更广的维度，如社会上管理风险的政治和制度安排的可信赖性。换言之，邻避冲突更多是源于其“不公正”而不是“不安全”（刘冰，2015）。因此，选址程序的公正性和对政府的信任度就作为新的因素被引入。

“程序公正”是指对于决策制定者为解决某一争议而采用的政策、程序、准则的公平直觉。刘冰（2016）对邻避态度的影响因素的研究表明，程序公正对公众态度的直接影响较小，但是程序公正通过影响“风险感知”和“政府信任”间接地对公众态度造成影响较为明显。充分征求公众意见、保证决策信息的公开透明都是推动程序公正的关键措施。邹积超（2014）指出，邻避问题产生的直接根源是邻避居民利益遭到了损害或者威胁，其深层原因在于邻避设施的设立没有按照特定程序进行决策。实际上，邻避问题是官方强调的科学决策与民众要求的民主决策之间产生的矛盾。

传统的邻避项目决策模式（也称“DAD”模式）作为不公正决策的代表受到人们诟病。“DAD 模式”的特点表现为：第一，初期决策时依据专家意见封闭进行，缺乏与利益相关公众的直接互动；第二，公布决策时强调社会利益和公民责任，呼吁公众做一个“友好邻居”（O’Hare，Bacow，Sanderson，1983）。这种模式的不合理之处在于它排斥公众参与，由专家和政府进行封闭决策，因而时常引发民众的不满，造成邻避冲突。

以“天津港‘8 · 12’瑞海公司危险品仓库特别重大火灾爆炸事故”为例，在该危险品仓库的选址规划过程中，企业和政府并没有将选址事宜告知公众，忽视公众利益诉求的表达，漠视了公众的参与权、知情权和决策权，公众缺乏有效的途径参与到决策中，未能与企业、政府以及环评安评机构进行公开平等的对话协商，让公众的生命财产面临巨大的风险（马奔，2015）。这也恰恰是程序不公导致高风险聚集设施没有合理选址，最终酿成悲剧的一个真实教训。

1.5.4 政府信任

信任是影响公众对待邻避设施选址的主要因素，对于各方主体的信任可以更好地推进风险沟通，降低风险感知，在协商的基础上解决邻避问题。尼克拉斯·卢曼（2005）指出，信任是降低个体对风险情境中可能的负性结果认识的关键因素。如若公众对专家及政府的有较高的信任，他们就能在相当大的程度上接受专家观点，主动缩小自身与专家之间的认知差异，降低所感知的主观风险和焦虑，增加自身的风险承担行为。李小敏和胡象明（2015）认为公众对政府的信任，包括具体和一般两个层面：具体层面就邻避风险来说，如公众对政府和专家进行的风险评估结论的信任；一般层面则包括公众对政府行政理念和行政行为的信任。就具有邻避风险的项目设施而言，具体层面是最具相关性、最能够影响公众态度的，但是一般层面上的信任是政府行政理念的体现，这是更加根本的。

黄汇娟（2012）认为，信任分为对政府的信任、对专家的信任和对企业的信任。在广州番禺垃圾焚烧厂的案例中，政府对于环保是否重视，对环境问题的解决是否得当影响着民众对于政府是否信任。正是广州政府过去长期忽视环境工作，加上“李坑”的前车之鉴，使得民众对于政府的公信力表示怀疑。专家信任本应是邻避事件之中较为有力的一点，对于风险评估方面具有专业素养的学者专家向公众传递邻避风险的相关信息，有助于民众获取风险知识，降低邻避情绪。然而专家的权威度以及专家以往是否与政府或者开发商交往过于密切甚至有无利益相关都是影响专家信任度的重要因素。民众质疑专家角色，认为其是为政府背书的工具，这种情况也是常有的。而对于企业的信任度直接关系到邻避设施是否能够成功设置。暴利产业以及已贴有“污名化”标签的项目常常会受到居民的强烈抵抗，如于PX项目、垃圾焚烧厂、丧葬场所、精神病院等。

韩国学者对韩国庆州氢核电力公司选址进行了结构方程模型分析，检验了经济利益、风险感知、信任、竞争等因素对于公众邻避情结的影响（Chung，Kim，2009）。该研究发现紧随着经济利益之后，信任对于公众接受危险设施的影响力也较大。

公众信任度由信息透明度、工程示范性、运营管理水平和监管管理水平组成（黄朝雄，2014）。选址、环评、运营等信息是否公开透明地向公众公示；项目工程是否有先进的技术理念做到榜样表率作用；运营商是否具有负责任的管理水平；政府或第三方能否严格监管执法；以上这些因素都是影响着公众信任度的重要因素。

在刘冰 (2015) 关于公众对邻避设施选址的态度研究中发现，在不涉及具体问题的一般信任上，公众对政府的信任程度最高，一旦具体到引发冲突的 PX 项目上，公众对政府的信任程度有所下降，而信任进一步细化为对具体决策能力、监管水平、信息发布等问题上，公众表达出的信任程度下降。另外，在已经发生过邻避冲突的城市之中，信任呈现出“易毁难建”的特征，一个城市一旦发生过激烈的邻避冲突，公众对于政府的信任或多或少会受到损害。

1.5.5 公众参与

公众参与是指在邻避设施选址落建过程之中，公众参与到具体决策议程之中，表达其利益诉求，与政府开发商或第三方协商决议，最终达成共识的过程。参与的时机、形式、内容是公众参与过程的组成部分。

无论是中国还是外国的邻避事件，争议的焦点多是选址问题。选址与政府的决策密切相关，决策时未将公众依法纳入程序，或是“走过场”地进行公众参与环节，应付了事，是大多数邻避事件发生的内在原因，公众参与的缺位也是邻避争议的实质之一。

长期以来，政府决策存在一个误区，认为可以牺牲小部分群体的利益来满足大多数人的利益，缺乏对邻避设施周边居民这一群体利益的尊重和补偿意识。因此，在众多的 PX 项目选址过程中政府采取了“决定—宣布—辩护”的决策模式：政府明知该项目有巨大争议，还不选择公开透明的科学决策程序，而是回避矛盾、忽略民意，仅根据专家意见进行封闭决策；其后，通过媒体、公示宣布决策结果，造成既定事实逼迫公众接受，但由于信息的不公开和民众参与渠道的缺失，导致民众对 PX 项目选址结果的不认同，进一步激化矛盾，引发更严重的对抗；随后，当民意无法逆转时，政府又借助专家进行应急式的解释和辩护，但恶劣影响已经造成。从过往的实践来看，政府这种闭门造车式的传统政策运行模式是导致邻避冲突的关键性因素。当体制内的知情、参与途径被堵塞，体制外就必然衍生出非正常的、激烈的利益表达形式，情绪性抗争成为民众的直接反应，邻避冲突因此而发生（刘雅静、唐利，2014)。

西方国家大量的案例研究表明，公众参与是破除选址困境的有效手段，恰当的公众参与程序、时机、方式从风险评估及风险认知等方面影响公众的主观判断，将公众参与合法化、常态化、机制化，同时也从实质上起到风险沟通的效果，一定程度上采纳了公众的意见，能够起到影响公众对待邻避项目选址态度的作用。

1.5.6　其他诉求

除了风险感知、风险沟通、程序公正、政府信任、公众参与之外，还有一些其他的因素影响公众对于邻避设施选址的态度。这些因素虽然不及上述的五大因素影响深远，但仍是不可忽视的一些细微因素。

首先，利益分配不均导致民众邻避情绪突出。公共利益的优益性导致利益分配不均。公私利益从来都不是对等的，许多谋求公共利益的政策都是建立在损害个人利益的基础上。外部性的出现意味邻避设施所产生的效益并未透过市场机制来合理地分配，而外部化的成本往往转嫁给设施周边的民众。以牺牲负面效应承担者的利益来满足的公共利益，这导致了利益分配的不均衡。在政府追求 GDP 的同时，环境问题也给民众带来了利益损失和健康危害。过度地看重价值较大的公共利益而忽视价值较小的个人利益，这似乎不是一个合理的价值判断。公众在利益受损的情况下，对于某些公共项目的邻避情绪会较为严重。

其次，公众的情绪如焦虑、恐惧、担忧容易影响公众对于邻避设施的态度。公众舆论以及风险信息之中单纯关于情绪的信息会使公众对于邻避设施产生不理性的判断。情绪启发式是描述感知风险和感知收益间的逆相关关系：人们如果喜欢某种活动或设施，就会倾向认为其是低风险高收益的；反之，就会倾向认为其是高风险低收益的。Slovic 等（2007）认为，在很多情况下，人们很难在短时间内通过估计风险发生的可能性和严重性来权衡风险和收益，而是靠感觉、情绪或印象来做出决断。因此，人们的正向 / 负向情绪或印象在一定程度上左右着决策和判断。根据王峰（2014）对北京六里屯垃圾焚烧厂邻避冲突中公众焦虑情绪与其邻避态度的研究，居民个体的焦虑情绪是导致其邻避态度产生的重要影响因素，焦虑情绪与邻避态度两者呈显著正相关关系。也就是说，个体表现出的焦虑、恐惧等情绪越强烈，其邻避态度也就越强烈。

第 2 章 京津冀协同发展战略与重大项目建设的宏观背景

2.1 京津冀协同发展战略

京津冀协同发展战略的核心是京津冀三地作为一个整体协同发展，要以疏解非首都功能、解决北京“大城市病”为基本出发点，调整优化城市布局和空间结构，构建现代化交通网络系统，扩大环境容量生态空间。

京津冀协同发展战略的目标是推进产业升级转移，推动公共服务共建共享，加快市场一体化进程，打造现代化新型首都圈，努力形成京津冀目标同向、措施一体、优势互补、互利共赢的协同发展新格局。京津冀地区同属京畿重地，战略地位十分重要。当前区域总人口已超过 1 亿人，面临着生态环境持续恶化、城镇体系发展失衡、区域与城乡发展差距不断扩大等突出问题。实现京津冀协同发展、创新驱动，推进区域发展体制机制创新，是面向未来打造新型首都经济圈、实现国家发展战略的需要。京津冀空间协同发展、城镇化健康发展对于全国城镇群地区可持续发展具有重要示范意义。京津冀协同发展是当前中国三大国家战略之一（其他两个是“一带一路”建设和长江经济带发展)，拥有国家政策的大力支持，发展前景光明。

习近平总书记对京津冀协同发展战略提出了七点要求：一是要着力加强顶层设计，抓紧编制首都经济圈一体化发展的相关规划，明确三地功能定位、产业分工、城市布局、设施配套、综合交通体系等重大问题，并从财政政策、投资政策、项目安排等方面形成具体措施。二是要着力加大对协同发展的推动，自觉打破自家“一亩三分地”的思维定式，抱成团朝着顶层设计的目标一起做，充分发挥环渤海地区经济合作发展协调机制的作用。三是要着力加快推进产业对接协作，理顺三地产业发展链条，形成区域间产业合理分布和上下游联动机制，对接产业规划，不搞同构性、同质化发展。四是要着力调整优化城市布局和空间结构，促进城市分工协作，提高城市群一体化水平，提高其综合承载能力和内涵发展水平。五是要着力扩大环境容量生态空间，加强生态环境保护合作，在已经启动大气污染防治协作机制的基础上，完善防护林建设、水资源保护、水环境治理、清洁能源使用等领域合作机制。六是要着力构建现代化交通网络系统，把交通一体化作为先行领域，加快构建快速、便捷、高效、安全、大容量、低成本的互联互通综合交通网络。七是要着力加快推进市场一体化进程，下决心破除限制资本、技术、产权、人才、劳动力等生产要素自由流动和优化配置的各种体制机制障碍，推动各种要素按照市场规律在区域内自由流动和优化配置。

2.2　京津冀协同发展项目投资概况

京津冀协同发展必将迎来新一轮项目投资建设的高潮。2017 年，北京市一共安排了 230 个重点工程，项目总投资约 13157 亿元，涉及京津冀协同发展项目 62 个，包括副中心建设、非首都功能疏解、交通一体化、冬奥会及冬残奥会四大类别，其中副中心 2017 年新开建项日最多，达到 17 项，包括广渠路东延、城市副中心海绵城市试点工程、首都师范大学附属中学通州校区等。

2017 年，共有 20 个央企项目落户天津，该批项目体量大、水平高、带动作用强，涉及先进制造业、战略性新兴产业和现代服务业，每个项目投资均超亿元，总投资 1217 亿元。一些项目处于产业链枢纽环节，将有力带动相关资源要素聚集，进一步增强天津发展后劲，为推动京津冀协同发展注入强大动力。但是也应看到其中一些能源基础设施、热电厂、冶炼项目等具有潜在的邻避风险。

河北省发改委2018年1月31日发布了《2018年河北省重点项目公示》，计划开工项目100项，续建项目100项，保投产项目100项，前期项目140项。其中不乏大数据、机器人、自动化、无人机、智能制造等高新技术产业项目，邻避风险大大降低，也包括一些传统的邻避项目。比如2018年河北省重点项目中涉及20多项重点能源项目，这些项目虽然不一定会引起邻避事件，但项目实施方和当地政府应当具有风险意识，对可能产生的邻避风险早做防范，在项目实施之前制定完备的应急预案和调解方案，避免引发社会风险。

2.3 京津冀协同发展项目建设关键领域

京津冀协同发展规划涉及的领域包含大气、人才、旅游、文化、农业、教育、医疗、贸易、高速、科技等方面。其中，交通一体化、产业协同发展、生态环境保护和公共服务一体化是其中最核心的四大方面。另外，也包括疏解北京非首都功能、建设北京城市副中心通州以及建设河北雄安新区这三个战略重点。

2.3.1 交通一体化

京津冀协同发展中的交通一体化包括高速公路、高速铁路、民航等多方面，着力推动网络化布局、智能化管理、一体化服务，构建安全可靠、便捷高效、经济实用、绿色环保的中和交通运输体系。

京津冀地区交通一体化必然伴随着大量交通项目建设。从北京市推进京津冀协同发展2016年的重点项目来看，涉及交通、能源一体化的重点项目共24项（见表2-1），这些项目势必涉及周边居民和其他利益相关者的利益，存在一定的引发邻避事件的风险。但是，由于政府和项目建设方严格执行环评政策，经历了科学严格的选址过程，对邻避风险有所防范，这批项目均已较为平稳地落地。

表 2-1　2016 年北京市推进京津冀协同发展交通、能源一体化重点项目（24 项）

序号	项目名称	责任单位	项目法人单位	建设地点	建设规模及内容
新建项目（17 项）					
1	京霸铁路（北京段）	北京市住房和城乡建设委员会	京张铁路公司	大兴区。李营—新机场	全长 78.24 公里，其中北京段 36 公里
2	京唐城际铁路（北京段）	北京市住房和城乡建设委员会	京津冀城际铁路投资有限公司	通州区。新北京东站—市界	全长 157 公里，其中北京段 13.6 公里
3	城际铁路联络线 (S6 线)	北京市住房和城乡建设委员会	京津冀城际铁路投资有限公司	跨区。新机场—首都机场 T3 航站楼	全长 138 公里，其中北京段 120 公里
4	京通铁路电气化改造工程	北京市住房和城乡建设委员会	北京市铁路局	跨区。昌平区、怀柔区、密云区	全长 258 公里，其中本市境内 115 公里，对线路进行电化改造。平交道口改立交、新建牵引变电所、接触网、通信基站
5	京原铁路电气化改造工程	北京市住房和城乡建设委员会	北京市铁路局	跨区。丰台区、石景山区、房山区	全长 234 公里，其中北京段 85.6 公里，对线路进行电化改造。平交道口改立交、新建牵引变电所、接触网、通信基站
6	丰台火车站改建工程	北京市住房和城乡建设委员会	北京市铁路局	丰台区。东大街东货场路	建筑面积 30 万平方米，建设内容为综合体、客运车场及动车所
7	京秦高速（北京段）	北京市交通委员会	北京市首都公路发展集团有限公司	通州区。东六环—市界	高速公路，全长 6.3 公里
8	首都地区环线高速公路（通州大兴替代线）	北京市交通委员会	北京市首都公路发展集团有限公司	跨区。大兴区、通州区。采育镇韩营村—西集镇赵庄	高速公路，全长 38 公里
9	新机场高速	北京市交通委员会	北京市基础设施投资有限公司	大兴区。南四环—新机场	高速公路，全长 35 公里

续表

序号	项目名称	责任单位	项目法人单位	建设地点	建设规模及内容
10	京新高速（国道110二期）	北京市交通委员会	北京国投公路建设发展有限公司	跨区。昌平区、延庆区。德胜口—延庆城区	高速公路，全长36公里
11	京开高速拓宽工程	北京市交通委员会	北京市首都公路发展集团有限公司	大兴区。魏永路—西黄垡桥	主路高速公路，全长11.4公里；辅路一级公路，两侧全长25.6公里
12	北京东特高压—通州500千伏送出工程（北京段）	通州区政府	国网北京市电力公司	通州区	新建500千伏架空线，全长18公里
13	河北蔚县—门头沟500千伏送出工程（北京段）	门头沟区政府	国网北京市电力公司	门头沟区	新建500千伏架空线，全长58公里
14	天津南蔡—房山500千伏送出工程（北京段）	房山区政府、大兴区政府	国网北京市电力公司	跨区。房山区、大兴区	新建500千伏架空线，全长54公里
15	张南—昌平500千伏第三回线路工程（北京段）	延庆区政府、昌平区政府	国网北京市电力公司	跨区。延庆区、昌平区	新建500千伏架空线，全长45公里
16	涿州—房山供热工程输热主干线工程	北京市市政市容管理委员会	北京能源集团有限责任公司	房山区。京港澳高速北京市界—房山区鸿顺园热源场	新建DN1200-DN1000输热主干线，全长35公里
17	京南昌达物流基地（公共服务属性的货运枢纽）	大兴区政府	北京祥龙京南昌达物流有限公司	大兴区。黄村镇天河北路18号	建筑面积40.9万平方米，建设内容为仓储用房及附属配套设施
续建项目（7项）					
1	北京新机场	北京市协调推进新机场建设工作领导小组办公室	首都机场集团公司	大兴区。榆垡镇、礼贤镇	总建筑面积70万平方米，建设航站楼及4条跑道，按年旅客吞吐量4500万人次的使用要求设计
2	京张铁路（北京段）	北京市住房和城乡建设委员会	京张铁路公司	跨区。海淀区、昌平区、延庆区。北京北站—市界	全长174公里，其中北京段70公里

续表

序号	项目名称	责任单位	项目法人单位	建设地点	建设规模及内容
3	京沈客运专线（北京段）	北京市住房和城乡建设委员会	京沈客专公司	跨区。朝阳区、顺义区、怀柔区、密云区。星火站—市界	全长 707 公里，其中北京段 98.6 公里
4	丰沙线入地工程	北京市住房和城乡建设委员会	北京市铁路局	石景山区。首钢小王庄材料厂—丰沙铁路	对丰沙铁路首钢段进行入地改造，全长 14 公里
5	京台高速（北京段）	北京市交通委员会	北京市首都公路发展集团有限公司	大兴区。南五环—市界	高速公路，全长 27 公里
6	兴延高速	北京市交通委员会	北京市首都公路发展集团有限公司	跨区。昌平区、延庆区。西六环—主收费站	高速公路，全长 42.4 公里
7	108 国道二期改建工程	北京市交通委员会	北京市交通委员会路政局	门头沟区。鲁家滩村—南村	一级公路，全长 3.6 公里

资料来源：北京市发展与改革委员会，《北京市 2016 年重点建设项目计划表》。

比如，北京新机场选址工作在 20 多年前就已经开始。1993 年，京津冀三地就开始选址北京新机场，一开始定在北京的张家湾和庞各庄。2008 年，发改委牵头，会同民航局、空军、海军和京津冀三地，又开始重新选址。2009 年，新机场地址最终确定在北京大兴和河北廊坊之间。2012 年 3 月，北京新机场工程的预可研报告提交给发改委旗下中咨公司；同年 10 月，国务院办公会通过该报告。北京新机场最终确定落址永定河北岸，北京市大兴区榆垡镇、礼贤镇和河北省廊坊市广阳区之间。北京新机场的环评报告在 2014 年 5 月 14—22 日正式公示（见表 2-2），内容涉及安全控制区、噪声影响、飞机尾气、地表水、地下水等。环保报告的最终结论是，通过采取各项环保措施，污染物能达标排放，飞机噪声影响有效减缓。从环境保护角度分析，新机场的建设是可行的。

表 2-2　北京新机场环评报告的主要内容和结论

评估维度	基本结论	详细内容
飞机噪声	对北京市区基本无影响	飞行轨迹基本不穿过大兴区规划居住区，有两条起飞航迹穿过廊坊市区。起飞航迹均已避绕北京市区，自北向南的降落航迹大约从六环开始，高度达 1800 米，因此飞行航迹与北京市规划是相容的，飞机噪声对北京市区基本无影响。根据预测，超过 70 分贝的学校有 23 所。大于 75 分贝的学校、医院将搬迁，70 ～ 75 分贝范围内的将降噪
飞机尾气	对 PM2.5 等贡献值较低	根据预测，二氧化氮、PM10、PM2.5 最大日均浓度预测值出现超标。超标原因主要是由于当地的背景值已超国家标准，机场的废气排放对当地的二氧化氮、PM10、PM2.5 的贡献值较低
地表水	不会影响永定河水质	北京新机场南邻永定河，天堂河是永定河的支流，在场区东侧汇入永定河。机场产生的污废水集中收集后进行处理，一部分用于冲厕、绿化等，剩余进入场内生态水系，最后不定期排入天堂河。由于排水水质已具备景观水功能，不会对天堂河及其下游的永定河水质造成负面影响
地下水	天堂河改道影响不大	机场建设及天堂河改道对区域地下水流场和水位的总体影响不大。由于机场建设对水源地供水造成较大影响，廊坊市白家务水源地需关闭并选址另建
电磁影响	电磁辐射强度可接受	雷达场站、导航台站等电磁辐射设备对周边环境产生的电磁辐射强度最高为 0.04 瓦 / 米 ^{2}，低于公众照射管理限值（0.2 瓦 / 米 ^{2}），电磁环境影响可以接受
油品安全	航油火灾风险值可接受	航空煤油储罐区为重大危险源，储油罐发生火灾、爆炸事故条件下，不会出现人的伤亡。所产生的环境风险值小于同行业的化工风险值，属可接受水平

资料来源：作者根据公开信息整理。

在京津冀交通一体化的背景下，《京津冀城际铁路网规划修编方案（2015—2030 年）》[1] 明确，以“京津、京保石、京唐秦”三大通道为主轴，到 2020 年，与基本实现京津保唐相邻城市 1 小时交通圈，有效支撑和引导区域空间布局调整和产业转型升级。到 2030 年，基本形成以“四纵四横一环”为骨架的城际铁路网络，总里程超过 3000 公里，满足京津冀协同发展和区域一体化发展的需要。

京秦高速公路是京哈高速公路的并行线，在国家路网中规划为北京通往秦皇岛、沈阳及东北地区的一条高速公路，北京段西起通州北京六环，东至秦皇岛，经三河、蓟州、玉田、遵化、秦皇岛等地。京津冀间又增加一条快速连接通道，燕郊出行，由京秦高速公路直接到北京东六环，最快仅需要五六分钟。

[1] 于 2016 年 11 月获国家发展改革委批复。

通过简化 24 小时过境程序，京津冀“三地四场”将实现 144 小时过境免签。京津冀民航协同发展驶入“快车道”。国家发展改革委、民航局近日明确，到 2020 年，北京“双枢纽”机场与天津机场、石家庄机场实现与轨道交通有效衔接；到 2030 年，京津冀形成分工合作、优势互补、空铁联运、协同发展的世界级机场群。另外，石家庄至雄安、邯郸等地也将有序实施城际铁路工程。旨在打造世界级机场群，京津冀民航协同发展，三地机场要分工协作、互利共赢，提升天津、石家庄航空运输市场规模，强化民航对京津冀区域经济社会发展和对外开放的支撑带动作用。同时打造城际铁路网衔接各大机场，以北京两大机场、石家庄机场和天津机场为中心，辐射各地级县市。

北京至雄安将建京安高速。北京与河北雄安新区之间将新建一条京安高速公路，不但可以实现雄安新区与北京的高速联系，承载未来交通，还可以一定程度缓解北京西南方向既有交通压力。京安高速北京段工程范围北起五环路，南至北京市界，全长约 28 公里。建设标准分两段，五环路至六环路段，设计速度为 100 公里 / 小时，双向六车道；六环路至市界段，设计速度为 120 公里 / 小时，双向八车道。全线设计互通立交 8 座，立交平均间距约 4 公里。在六环路北侧设置主线收费站，在市界北侧设置出京收费站。

唐廊高速公路宁河段（塘承高速—河北唐山界）全长约 34 公里。2017 年 7 月主体工程完工，2017 年 11 月通过交工验收，2018 年 5 月底已经具备通车条件。同时唐廊高速公路唐山段建设接近尾声，初步计划唐廊高速公路宁河段与唐山段于 2018 年底同步开通运营[1]。唐廊高速唐山段年底主体完工，该高速建成后将成为连接唐山、天津北部、廊坊、北京南部最便捷的快速通道。

京沈客专承德段 2017 年 11 月铺轨，作为国家“四纵四横”高速铁路网的重要组成部分，北京至沈阳铁路客运专线也是铁路规划的重大项目。线路全长约 698 公里，设计时速 350 公里。京沈客专开通运营后，承德到北京的铁路运行时间缩短至 1 小时以内，到沈阳的铁路运行时间缩短至 2 小时以内，预计 2019 年将实现全线通车。

[1] 北方网 - 民生频道 - 党群心连心 - 我有问题问区委书记 - 宁河区。http://ms.enorth.com.cn/system/2018/06/01/035614730.shtml。

此外，北京将建新机场并与雄安衔接，疏解首都机场非国际枢纽功能。打造成现代化立体式综合客运枢纽，实现区域交通枢纽的发展。

潮白河大桥也是京秦高速公路京冀连接段的关键工程。根据三河市水务局关于阳光理政网友诉求件的回复，截至 2018 年 11 月 15 日，潮白河大桥桥梁工程已完工，正协调北京方面做通车准备。潮白河大桥通车后，北京六环与燕郊往来仅需 15 分钟。北京市发改委相关负责人此前透露，京秦高速的建成通车，意味着京津冀三地之间的高速公路“断头路”都将彻底消失，三地交通将更加通畅。

2020 年三地核心区域 1 小时通达。京津冀协同发展战略实施 3 年多以来，河北省交通运输厅把推进交通一体化作为工作的重中之重，先后打通“断头路”和“瓶颈路”1400 多公里。河北省与京津签署了北京市国道 G109 新线高速公路与河北省太行山高速公路，以及北京新机场北线高速公路西延工程等 6 条路段的接线协议；2017 年 6 月，雄安新区对外骨干交通网重要项目天津至石家庄高速公路开工建设，目前各条路段正在紧锣密鼓地施工；京津冀交通一体化重要项目太行山高速公路和延庆至崇礼高速公路建设如火如荼，分别计划于 2018 年和 2019 年陆续建成通车。下一步河北省将高起点规划、高标准建设雄安新区综合交通，全力推进京津冀交通示范区和交通强省建设，确保到 2020 年区域综合运输通道功能更加完善，全面提升京津冀交通一体化水平，基本建成雄安新区对外骨干交通路网，实现京津冀核心区域 1 小时通达。

可以预见，在京津冀交通一体化的过程中，类似的交通建设项目还很多，必须提高风险意识，在每个项目的选址和落建方面科学决策、谨慎执行，防范社会风险。

2.3.2 产业协同发展

京津冀协同发展战略中的产业转移包括科技创新、商贸、产业转移等多方面。

天津滨海新区 CBD 与北京 CBD 签署战略合作协议，京津两地约定发挥各自的优势与特色，共同促进京津地区经济的可持续发展。双方对接的产业项目包括：金融机构核心业务部、500 强企业和上市公司、金融服务外包机构、非金融类服务外包、中介服务机构和影视文化公司等。

天津武清致力于打造京津消费黄金走廊，已经建成和正在实施的大型商贸项目共有30多个。目前，分布有京津时尚广场、中信广场、金汇广场、华北城十几个项目，总投资超过200亿元。通过聚集众多大型商贸项目，武清已成为京津冀都市圈消费市场的重要支点，每年吸引京津冀地区的购物人群超过200万人。

京津冀三地的旅游企业及相关政府部门充分接触，全力配合，为“京东旅游圈”提供足够的支持。目前，平谷区已与河北兴隆、遵化，天津蓟州区签订了框架协议，打造北京东部旅游联合体，推动“京东旅游圈”建成。

“京东旅游圈”首先整合周边包括河北、天津的优质旅游资源，根据不同特色遴选出精品旅游线路。联合体将会推出旅游通票，涵盖四地众多旅游景点。游客在任何一地购买旅游通票，将可在四地通行。

打造“京东旅游圈”后进行整体打包宣传。联合体将大规模开展四地网络营销和线上销售，不断加强网络宣传和推介；开通“金三角”旅游咨询中心，并在各方星级饭店的客房放置对方的旅游宣传资料，全面宣传推介“金三角”旅游资源和产品。

京津冀三地金融工作部门正酝酿在三地交界处共设“金融试验区”，尝试通过金融改革与创新助推三地实体经济发展。目前北京市金融局已经确定了试验区课题，正处于调研阶段。

京津冀三地文创园区将加强对三地文化资源的协同开发、管理和利用，推进区域文化产业融合和文创资源共享；每年定期举办对接交流活动，共同培育中小企业，筑牢文创园区产业基础；更好地发挥文创园区的产业孵化功能，投入更大的力量做好初创企业的孵化培育。三地文创园区代表表示，尤其要创新合作模式，运用创新精神和“互联网+”精神，真正实现文创园区省际之间的融合。

天津自由贸易区在北京各区设直营中心。在区域分布布局方面，东疆保税港区未来计划在新区各经济功能区各设一家直营中心。在天津市（除滨海新区外）和北京市每个区可以设立一家直营中心，中心城区中的区可以设立两家，两家直营中心之间的距离应不短于3公里。

动批大红门2000多商户签约天津。在京津冀协同发展的大背景下，越来越多传统市场的商户意识到迁出已势在必行，尽早选定心仪的新店铺是他们不约而同的选择。

智能科技产业龙头聚集，天津空港打造高科技产业“智港”。空港经济区不断加大对智能科技产业的培育和投入力度，一批智能科技产业龙头项目纷至沓来，并实现多领域全产业链覆盖，智能制造平台、智能服务技术全方位发展，天津空港正逐渐变成“智港”。

为培育更多的智能科技项目发展壮大，空港搭建了多个智能科技产业发展平台。其中包括依托天津西子联合有限公司打造的智能制造产业应用研发基地以及壹千零壹号自动化科技公司布局的天津智能制造区域基地。其中，智能制造产业应用研发基地占地 8 万平方米，目前已聚集了天津智通信息系统集成有限公司、天津彼洋机器人有限公司、天津爱维申科信息技术公司等 10 余家智能制造企业，智能制造产业应用研发基地的放大效应正在逐步显现。从空港经济区管委会了解到，为推进智能科技产业加速发展，空港经济区还将搭建更大规模的智能科技产业平台，正在筹划建设中欧智能制造产业园，满足区域智能科技企业发展需求，打造智能科技产业发展高地。

中捷农场成长为沧州渤海新区重要的高新产业园区，2015 年财政收入已达 27.6 亿元。车制造、生物医药、通用航空、国际贸易、石材加工、现代农业、“互联网 +”产业等多个领域在内的 21 个项目。车制造、生物医药、通用航空、国际贸易、石材加工、现代农业、“互联网 +”产业等多个领域在内的 21 个项目，总投资达 126.5 亿元。

创新创业风起中关村，吹向京津冀三地。在 2017 年举办的京津中关村科技城发展论坛上，中关村管委会副主任宣鸿对外宣布，《中关村京津冀协同创新共同体建设行动计划（2016—2018）》已经编制完成，三地推动各类创新主体合力建设以科技创新园区链为骨干，以协同发展产业带为载体，以创新社区为支撑的“一链三带多社区”协同创新共同体。目前，京津冀已出现多个类中关村创新社区，在此基础上进一步打造京津冀创新城市群。

2016 年 9 月 28 日，京津两市签署协议共建滨海—中关村科技园，打造京津冀协同创新共同体示范区。园区规划面积 10.3 平方公里，充分利用北京中关村和滨海新区创新政策叠加优势，承接新一代信息技术、生物与生命科技等高新技术企业转移和重大科技成果转化，并在 2018 年实现了起步区的基本建成。天津中关村科技园产业运营服务有限公司对公司所聘用的员工，符合天津市相关规定则享受“就业即落户”政策，对新引进落户的全日制大学本科生和归国留学人员，连续 3 年发放租房和生活补贴，其中，大学本科生每人每年 1.2 万元，硕士研究生每人每年 2.4 万元，博士研究生每人每年 3.6 万元。企业成功上市之后，园区也会给予奖励。园区企业作为上市主体成功在新三板上市，将分阶段给予企业最高总额 300 万元奖励；成功在主板或创业板上市，将分阶段给予总额 500 万元奖励。整体迁入园区的国家级科研院所和由国内外著名科学家牵头组建的重大科技创新平台，都会给予最高 1 亿元的科研经费支持。

曹妃甸打造世界一流石化基地，对接京津精细化工产业，将成立现代产业发展实验区生态城。河北省政府 2018 年上半年批准了《曹妃甸石化产业基地总体发展规划》，按照规划，到 2030 年，曹妃甸石化产业基地将形成年产 4000 万吨炼油、400 万吨乙烯、550 万吨芳烃的规模。届时，其将承接京津冀石化产业转移，满足华北地区、环渤海地区对清洁能源和石化产品的需求，带动区域性产业及经济发展[❶]。

承德市政府与北京市农业局签订 30 个农业合作项目，总投资 371 亿元。这 30 个项目涉及农产品精深加工、一二三产融合、农业休闲观光和乡村旅游、农产品仓储物流、农产品生产基地、农业基础设施建设等多个领域。同时，承德市政府还与北京市农业局签署了《农产品质量安全监管服务体系合作框架协议》，承德进行项目推介，发布了 100 个投资规模大、科技含量高、带动力强、回报率高的农业项目。

继北京新发地农产品批发市场在北京周边和全国农产品主产区相继建设 14 个分市场后，北京新发地的第 15 个分市场落户河北省沧州市盐山县，这将助力盐山及周边县市农副产品销往北京乃至全国，也将为首都农副产品安全稳定供应提供保障。从北京市商务委获悉，京津冀三地正加快推进农产品流通领域的协同发展，到 2020 年环首都 1 小时鲜活农产品流通圈将基本建成。

结合京津冀三地签署的《京津冀休闲农业协同发展框架协议》，廊坊积极融入京津冀三地休闲农业建设规划，执行京津冀休闲农业统一标准，主动

❶ 搜狐网财经新闻 https://www.sohu.com/a/230872082_195253。

对接休闲农业精品旅游线路。2016 年，廊坊市休闲农业从业人数 3 万人，带动农户 18.6 万户，营业收入 21.5 亿元，休闲农业收入年递增 21.6%，占农业收入 9.8%。廊坊市休闲农业走出了一条依托乡村、服务京津、三产同步、互促共赢的特色发展之路。如今，廊坊市共有国家休闲农业与乡村旅游星级园区 14 个，河北省休闲农业与乡村旅游星级园区 28 个，其他各类省、市级乡村旅游示范村和现代农业园区更是遍地开花，成为廊坊农业结构调整的新模式、新农村建设的新亮点。

天津打造北方快递物流中心、河北威县牵手顺义共建产业园、通州形态共建 10 平方公里产业园、河北将构建“环京津健康养老产业圈”、京津冀签署教育督导框架协议。

2.3.3 生态环境保护

协同发展战略的生态环境保护战略涉及大气、水资源、林业、土壤等多方面。

自 2018 年 1 月 1 日起，河北省向企业征收环保税。河北省将环北京 13 县 (市、区)、雄安新区及相邻的 12 个县 (市、区) 设定为第一区域，执行一类标准。分区域实施不同的税额标准，既能保障以首都为中心的京津冀生态环境，又能有效引导河北省发展方式转变和产业转型升级。河北省环保税税额标准注重精准施策，将环保税大气主要污染物和水主要污染物税额标准分为三档，分别按照国家规定最低标准的 8 倍、5 倍、4 倍执行，同时暂不增加同一排放口征收环保税的应税污染物项目数。为保障以首都为核心的京津冀生态环境，河北省环绕北京和雄安新区周边地区标准高于现行标准，与北京市标准基本持平。另外，雾霾天气京津冀地区同步预警，实现网格化监测管理。共同降低排放强度，共同采取应急措施，京津冀及周边 28 城市联合攻坚治理大气污染，淘汰类“散乱污”企业于 2017 年 9 月底全部被取缔，北京、天津、廊坊、保定四市 10 月底前要完成“禁煤区”建设任务，将散煤彻底“清零”，10 月底前 VOCs(Volatile Organic Compands，挥发性有机物）治理未完成依法停产整治。

北京、张家口、承德共建密云水库生态小流域。作为北京最大的地表水源地，密云水库的汇水面积却有三分之二在河北。上游来水是否清澈、充足，关系着北京的供水安全。为使清水下山，净水入库，北京市和河北省启动了首个合作共建水生态项目：在上游的张家口、承德两市五县共建 22 条生态清洁小流域。

国家林业局修订编制了《国家储备林建设规划》，在 2016 年至 2050 年间，布局东南沿海、长江中下游、黄淮海、西南、京津冀及东北地区六大储备林建设基地。国家储备林是指在自然条件适宜地区，通过人工林集约栽培、现有林改培、抚育及补植补造等措施，营造的工业原料林、珍稀树种和大径级用材林等优质高效多功能森林。“京津冀古树名木保护研究合作框架协议”签约仪式 2017 年 4 月 19 日在北京市园林科学研究院举行。北京、天津、河北三地建立了一体化的古树信息化管理系统，三地近 15.6 万株古树信息已纳入系统。

乌兰察布大力发展绿色发电项目，“火风光”三路并进供应首都绿色能源。素有北京“后花园”之称的乌兰察布市是内蒙古重要绿色能源基地之一。在主动融入京津冀协同发展战略中，该市提出“火风光”(火电、风电、太阳能发电)三路并进保障首都绿色能源的战略目标。目前，该市累计并网电力装机规模达到 1161.29 万千瓦，其中风、光清洁能源装机达 551 万千瓦。走进乌兰察布市凉城县岱海电厂，与想象中的情景完全不同，这里既没有“乌烟瘴气”，也没有“滚滚热浪”，甚至见不着几个工人，安静而整洁。

塞罕坝造林百万亩阻沙“进京”林木总蓄积达 1012 万立方米相当于北京市林木总和的 1/2。塞罕坝，它是阻挡风沙侵袭首都的最后一道防线，北边紧挨的黄褐色区域是浑善达克沙地，与北京直线距离不足 200 公里。塞罕坝，位于北京北部 200 公里，是华北地区面积最大的一片森林，也是世界上面积最大的人工林。林地面积达 112 万亩，林木总蓄积达 1012 万立方米，相当于北京市林木总和的 1/2。每年，塞罕坝林场净化空气，吸收二氧化碳 74.7 万吨，释放氧气 54.5 万吨，可供近十分之一北京人呼吸一年之用。按每亩树林一年吸附灰尘 20 吨计算，林场每年吸附灰尘 2240 万吨。塞罕坝，还是滦河等河流的发源地，每年为京津地区净化输送清洁淡水 1.37 亿立方米。据中国林科院评估，塞罕坝森林生态系统，每年提供着超过 120 亿元的生态价值。

北京市平谷区与天津蓟州区、河北三河市、兴隆县共同保护山水林田湖资源，三地联手建设京东涵养区。平谷区与天津蓟州区，河北三河市、兴隆县山水相接。三地在生态环境保护、交通设施、旅游休闲等五大领域40个项目上展开合作，共谋发展。三地就创建京津冀国家生态文明先行示范区达成共识，联手保护山水林田湖资源，共同打造环绕京东的生态环境保护圈。

京津冀森林防火将用直升机巡航。京津冀三地已建立起森林防火信息共享、联防联控、应急扑救的合作机制。在清明等重点时期，三地将联合开展直升机巡航，对重点森林防火区进行巡护。京津冀山水相连，一旦发生森林火灾，很容易蔓延到周边地区。从2009年起，北京就每年投资1000万元，帮助河北省建设森林防火基础设施，提升当地的森林防火水平。2015年京津冀又建立起森林防火联防联席会议制度，出台了边界火联合扑救应急预案，并于2015年4月举行了首次应急演练。

2015年，碳排放权跨区交易开市近一年，京冀碳汇交易逾7万吨，并且主要开发的是林业碳汇项目。

廊坊建成环首都平原森林生态系统、河北启动冬季大气污染治理攻坚行动、河北整治“散乱污”企业近七万家、京冀两地合作造林保护京北、京津冀联动严查供暖及环境违法行为。

2.3.4 公共服务一体化

公共服务一体化是京津冀协同发展战略中最能够直接惠及民生的一项策略，包括医疗、养老、社保、教育、就业、食品、旅游、民政、文化方面。

国务院总理李克强2015年1月19日主持召开国务院常务会议，推进深化医药卫生体制改革，部署加强乡村医生队伍建设、更好保障农村居民身体健康，讨论通过《全国医疗卫生服务体系规划纲要》、促进优化资源配置和服务升级。进一步提高乡村医生养老待遇：每千人至少配备一名乡村医生；面向村卫生室免费定向培养三年制中、高职医学生；乡镇卫生院优先聘用乡村医生；农村新增卫生服务补助金全部用于乡村医生。

河北300余家医疗机构将与京津合作，承接京津医疗资源“外溢”，疏解京津就医压力，真正实现从“虹吸”到“共赢”。正在信息标准、数据共享、远程医疗、数据传输与安全等领域进行紧密合作，共同加入国家卫生计生委“区域临床检验互联互通相关信息标准规范研究”项目。北京五家三甲大医院点对点帮扶保定，京冀合作建成环京医疗带。

北京老人“补助跟人走”政策将扩大到天津、河北的所有养老机构，北京老人入住天津、河北的所有养老机构都将享北京补贴。未来部分康复辅助器具有望纳入基本医保。

河北省将建立“外国人来华工作管理服务系统”，河北首发《外国人工作许可证》。从河北省外国专家局了解到，作为中国第一批开展外国人来华工作“两证整合”试点省份，河北省自2016年10月起启动试点工作，将原“外国人入境就业许可”和“外国专家来华工作许可”整合为“外国人来华工作许可”，简化外国人来华工作审批。原《外国专家证》和《外国人就业证》两证统一整合为《外国人工作许可证》。该证实现“一人一码”，终身不变。卡面载明照片、姓名、国籍、许可期限、外国人工作许可编号、类别等信息，动态管理记录在华工作管理、服务、信用记录等情况。

京津冀设基础教育学校协同发展共同体，促进学校间共建、资源共享、研训协同、师生交流，助推三区市在推进教育改革和发展方面研究解决共性问题、相互学习借鉴、共同发展提高。

三地将大规模合作办优质中小学，鼓励采取教育集团、学校联盟、结对帮扶、委托管理、开办分校等方式，引导北京、天津优质中小学与河北中小学开展跨区域合作办学，整体提升学校管理水平。

目前，北京市西城区与保定市，海淀区与张家口市政府间签署了教育合作协议；大兴区、天津市北辰区与廊坊市政府间联合成立了三区市教育联盟；东城区教委与邯郸市教育局、石家庄市桥西区，门头沟区教委与张家口市及涿鹿县教育部门，房山区教委与石家庄市裕华区、廊坊市固安县签署了教育合作协议。天津市武清区积极引进北大公学项目，成立北师大基础教育实验学校；天津市东丽区先后与北大方正教育集团、北大附中签订合作协议，引进优质学前教育机构，建立北大附中东丽湖学校。

据悉，北京景山学校、北京五中、八一学校、北京八中、史家胡同小学等在唐山市曹妃甸协同发展示范区，廊坊市香河、大厂、永清、固安等县，保定市等地建设的分校项目正有序实施。崇文小学与雄县第一小学，北京三中与唐山二十七中等也都开展了教育合作交流。北京景山学校曹妃甸分校于

2016年9月开始招生。东城区正与河北省石家庄市、保定市、承德市、廊坊市大厂回族自治县、永清县、张家口市崇礼区沟通合作事宜，交流合作面将不断扩大。

北京将打破自家“一亩三分地”的思维定式，跳出北京看北京，着力推动三地教育继续朝着目标同向、措施一体、作用互补、利益相连的路子走下去，努力实现一加一大于二的效果，发挥优质教育资源辐射带动作用，促进教育与京津冀区域经济社会发展的深度融合。

京津冀城市生活智慧港项目在河北省保定高碑店市开工建设。项目建成后将重点发展安全食品、营养食品、保健食品以及高品质农副产品，全力构建集鲜活农产品一小时服务供应基地、生活服务品质保障基地和应急储备基地功能于一体的城市生活服务保障基地，为北京、雄安新区和整个京津冀地区食品、农产品供应提供有力支撑和重要补充。

京津冀地区还在司法领域展开合作。大兴法院、廊坊广阳法院、河北固安法院近日签订司法合作备忘录，推进三地法院在服务新机场建设方面的深度协作。

京津冀职称互认范围扩大，职称考试证书三地互认。天津市日前出台京冀专业技术职称互认政策，互认范围增大、互认方式全、互认效力广，对取得京冀职称主管部门核发确认的职称证书并受聘专业技术职务的人员，流动到天津时可由用人单位考核确认并按岗聘用相应专业技术职务，不再更换证书。结合京津冀三地产业布局调整随迁的专业技术人员，既可参加迁入地的职称评审与考试，也可参加原所在省市的职称评价。

京津冀人才一体化工作又取得新成果。京津冀三地共同发布了《京津冀人才一体化发展规划（2017—2030年）》（以下简称《规划》）。这是我国首个跨区域的人才规划，也是首个服务国家重大战略的人才专项规划。《规划》遵循社会主义市场经济规律和人才成长规律，贯彻落实创新、协调、绿色、开放、共享的发展理念，按照服务协同发展、加强对接互补、实现联动融合、推进链接共享、坚持重点突破的基本原则，明确了以支撑京津冀协同发展战略实施为出发点，以人才一体化发展体制机制改革及政策联合创新为主线，以京津冀人才一体化发展重大任务、重点工程为抓手，大力推进人才一体化发展，打造京津冀协同发展新引擎的总体思路。《规划》提出京津冀人才一体化发展的远期目标是：到 2030 年，三地区域人才结构更加合理，人才资源市场统一规范，公共服务高效均衡，人才一体化发展模式成熟定型，人才国际竞争力大幅提升，基本建成“世界高端人才聚集区”。

2017 年京津冀名胜文化休闲旅游年卡 11 月 23 日起发售。该年卡是中国老龄产业协会老年旅游产业促进委员会推出的旅游年卡产品，市民可在市内多家公园及各区旅游咨询中心购买。

北京、天津、河北三地民政局（厅）5 月 12 日在京签订《京津冀社会工作发展合作框架协议》，今后，三地社会工作者将跨区域开展服务，社工登记也将实现一体化互认。依据协议规定，今后京津冀三地除社工登记互认外，还将在社工人才能力建设、继续教育和“三社联动”等方面探索一体化互认模式。同时，三地还将探索专业社会工作服务机构的三地资源共享、跨区域开展服务的互用机制，推动社会工作人才和服务的协同发展，为促进三地社会治理方式创新和治理能力的提升提供专业人才保障。

北京东城区文委、天津市和平区文旅局、河北省秦皇岛市文广新局等来自京津冀的 11 家文化机构共同签署了一份战略合作协议，组成联盟共建“京津冀公共文化服务示范走廊”。联盟成员将在公共文化资源、活动、服务、管理机制等多个方面实现共建共享，朝向一体化方向发展。

2.3.5 协同创新四项工程

京津冀地区将实施协同创新四项工程（见表 2-3）。协同创新工程的总体思路是建设京津冀协同创新共同体，积极打造国家自主创新重要源头，促进高端创新资源集聚，完善区域协同创新机制，推动区域创新资源整合共享。主要围绕“三轴”（京津发展轴、京保石发展轴、京唐秦发展轴）和“4+N”（“4”是指曹妃甸区、新机场临空经济区、张承生态功能区、滨海新区 4 个战略合作功能区主体，“N”是指其他合作区域）疏解非首都功能承接平台重点布局，遵循“成熟一个、推进一个”的原则，实施一批协同创新重点任务，形成一套可复制、可推广的建设经验，带动京津冀区域协同创新发展。全国科技创新中心的辐射带动作用发挥显著，“京津冀协同创新共同体”的建设成效显现，协同创新机制逐步完善，区域创新资源分布更加合理，协同创新工程的示范效应明显增强。

表 2-3　京津冀地区协同创新四项工程

协同创新工程	具体内容
高端产业培育工程	围绕新材料、生物医药、节能环保、新能源汽车、现代服务业、新一代信息技术、高端装备制造等战略性新兴产业发展，引导首都创新成果等在合作区域产业化，培育区域性高端产业发展，促进以创新驱动为主导的高端产业在京津冀地区逐步形成
传统产业提升工程	围绕钢铁、电力、建材、服装纺织等传统型产业，发挥首都创新优势，以先进技术和设计理念全面提升区域产业转型升级，以协同创新促进产业优化发展
生态安全工程	围绕张承地区作为首都重要生态屏障和水源地的区域定位，从食品安全、水源保护、矿产资源优化利用、绿色能源示范、大气环境治理、智慧旅游等多个层面全面提升张承地区的生态安全水平，为京津冀生态环境联动建设提供支撑
服务民生工程	围绕医疗卫生、交通运输、城市管理等领域，针对北京、天津、石家庄等大城市发展中面临的民生问题，引导京津冀科研资源进行合作

资料来源：作者根据公开资料整理。

2.4　京津冀协同发展的重点任务

2.4.1　疏解北京非首都功能

非首都功能指那些与首都功能发展不相符的城市功能，非首都功能由习近平总书记在 2015 年 2 月 10 日的中央财经领导小组第九次会议上提出，他指出：要疏解北京“非首都功能”，“作为一个有 13 亿人口大国的首都，不应承担也没有足够的能力承担过多的功能。”

疏解非首都功能的对象为一般性制造业、区域性物流基地和区域性批发市场、部分教育医疗机构、部分行政事业性服务机构从业人员。疏解的原则为政府引导与市场机制相结合、集中疏解与分散疏解相结合、严控增量与疏解存量相结合、统筹谋划与分类施策相结合。2017 年现有的疏解项目要取得实质性进展、2020 年已经确定的教育和医疗项目要完成疏解、2030 年实现均衡布局带动承载地城市化进程服务水平的提高。

疏解后的新北京，其产业将是代表国家参与国际竞争的高端产业，将插上“互联网 +”和“绿色低碳”的翅膀；环境方面，天更蓝，地更绿，水更清；交通方面，2017 年，高速公路断头路全部消除。到 2020 年，公交专用道超 500 公里，市郊铁路超 800 公里，城市轨道交通津 1000 公里，步行绿道、高速公路超 1200 公里，京津冀城际铁路超 1300 公里。

疏解功能的重点任务是拆除违法建设、占道经营、无证无照经营和“开墙打洞”整治，加大占道经营违法行为执法检查力度，举报查处率达到 100%，实现 1009 处重点点位 100% 销账；严格落实“门前三包”责任制、城乡接合部整治改造、中心城区老旧小区综合整治、中心城区重点区域整治提升、疏解一般制造业和“散乱污”企业治理、疏解区域性专业市场、疏解部分公共服务功能、地下空间和群租房整治、棚户区改造、直管公房及“商改住”清理整治。

由于北京市目前常住人口超过 2100 万，日均垃圾生产量约为 2.2 万吨。2016 年的统计数据显示，北京市属的垃圾处理设施共有 28 处（见表 2-4），具体分布情况为：海淀 2 处、朝阳 3 处、丰台 2 处、顺义 2 处、昌平 3 处、房山 3 处、大兴 3 处、通州 2 处、门头沟 2 处、怀柔 2 处、延庆 2 处、密云 2 处。其中，北京城区 7 处、郊区 21 处。北京市的垃圾处理设施仍显不足。北京多个垃圾处理设施处于超负荷运行状态，填埋速度部分甚至达到 230%。

表 2-4　北京市 28 处垃圾处理设施一览表（截至 2016 年 8 月）

序号	设施名称	设施位置	主要处理工艺	设计处理能力（吨 / 日）	运营状态
1	安定垃圾卫生填埋场	大兴	卫生填埋	1400	在运
2	阿苏卫垃圾卫生填埋场	昌平	卫生填埋	2000	在运
3	高安屯垃圾卫生填埋场	朝阳	卫生填埋	1000	在运
4	永合庄垃圾卫生填埋场	丰台	卫生填埋	2000	在运
5	六里屯垃圾卫生填埋场	海淀	卫生填埋	1500	在运
6	田各庄垃圾卫生填埋场	房山	卫生填埋	300	在运
7	西田阳垃圾卫生填埋场	通州	卫生填埋	800	在运
8	怀柔区综合处理厂	怀柔	堆肥、卫生填埋	500	在运
9	滨阳垃圾卫生填埋场	密云	卫生填埋	300	在运
10	小张家口垃圾卫生填埋场	延庆	卫生填埋	150	在运
11	永宁垃圾卫生填埋场	延庆	卫生填埋	150	在运
12	斋堂垃圾卫生填埋场	门头沟	卫生填埋	41	在运
13	阿苏卫综合处理厂	昌平	堆肥	1600	在运
14	南宫垃圾堆肥厂	大兴	堆肥	2000	在运

续表

序号	设施名称	设施位置	主要处理工艺	设计处理能力（吨 / 日）	运营状态
15	顺义垃圾综合处理中心	顺义	焚烧、堆肥、填埋	600	在运
16	燕山综合处理厂	房山	堆肥	250	在运
17	高安屯焚烧一期	朝阳	焚烧	1600	在运
18	鲁家山垃圾焚烧厂	门头沟	焚烧	3000	在运
19	高安屯焚烧二期	朝阳	焚烧	1800	试运行
20	南宫垃圾焚烧厂	大兴	焚烧	1000	调试
21	海淀区大工村焚烧厂	海淀	焚烧	1800	调试
22	丰台生活垃圾循环经济园湿解处理厂	丰台	高温湿解、堆肥	600	在建
23	丰台区生活垃圾处理中心焚烧二期工程	丰台	焚烧	700	在建
24	密云垃圾综合处理中心工程	密云	焚烧	700	在建
25	怀柔生活垃圾焚烧发电厂	怀柔	焚烧	600	在建
26	通州区再生能源发电厂	通州	焚烧	2250	在建
27	房山区生活垃圾综合处理厂	房山	焚烧	1000	在建
28	阿苏卫生活垃圾焚烧厂	昌平	焚烧	300	在建

资料来源：2016 年 8 月 3 日，北京市城市管理委员会向中国固废网记者递送了一份详细的书面答复。这份《北京市垃圾处理设施汇总表》，囊括了北京市属垃圾处理设施的名称、位置、主要处理工艺、设计处理能力 (吨 / 日) 和运营状况等内容。

从主要处理工艺看，28 处设施中，采用卫生填埋的有 11 处、采用焚烧处理的有 11 处、采用堆肥处理的有 4 处、进行综合处理的有 2 处（见图 2-1）。对垃圾进行无害化处理，目前主要有填埋、生化处理和焚烧三种方式。

从设计处理能力看，日均处理能力在 1000 吨以上的有 15 处。其中，坐落于北京门头沟的鲁家山垃圾焚烧厂 (北京首钢生物质能源项目)，设计处理能力为 3000 吨 / 日，是北京乃至亚洲地区在运行的最大垃圾焚烧厂。位于北京朝阳区的高安屯垃圾焚烧厂二期，设计处理能力为 1800 吨 / 日，目前已投入试运行，是北京第二大垃圾焚烧厂。位于北京昌平区的阿苏卫垃圾卫生填埋场、位于北京丰台区的永合庄垃圾卫生填埋场，设计处理能力均为 2000 吨 / 日，是北京在运行的大型垃圾填埋场。位于北京大兴区的南宫垃圾堆肥厂，则是北京在运行的最大垃圾堆肥厂。

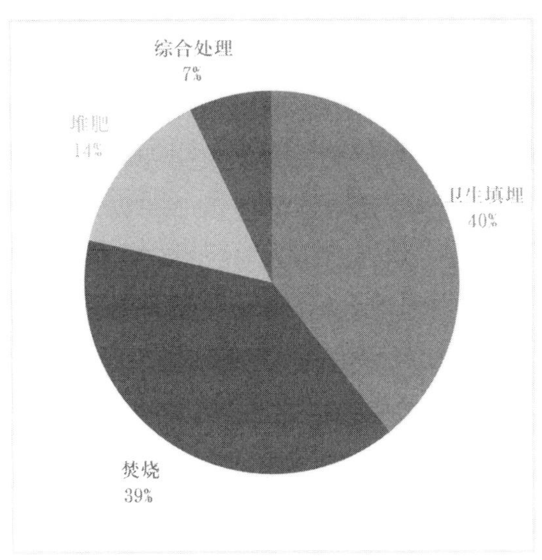

图 2-1　北京市垃圾处理的主要工艺比例

资料来源：作者根据公开资料整理绘制。

从运营状况看，28 处设施中，在运行的有 18 处、试运行的有 1 处、处于调试阶段的有 2 处、在建的有 6 处、待建的有 1 处。如果进展顺利，北京南宫焚烧处理厂、海淀大工村焚烧厂也将在 2016 年投入运行。北京昌平区在建的阿苏卫生活垃圾焚烧厂，设计处理能力为 3000 吨 / 日，一旦建成，将可以与鲁家山相媲美。

我国城市生活垃圾平均每年以近 9% 的速度增长，北京等城市的生活垃圾增幅更高达 15%～20%[1]。为了更好地处理城市居民生活垃圾，北京市还需要进一步完善垃圾处理设施，预计到“十三五”末，北京的生活垃圾处理能力将达到 3.0 万吨 / 日[2]，资源化处理比例会进一步提高，基本实现原生生活垃圾零填埋。从《北京市 2016 年重点建设项目计划表》来看，北京市垃圾处理设施建设还将有一个稳定的增长期。2016 年北京市新建垃圾处理设施 4 项，另外还有 6 项续建垃圾处理项目，除解决生活垃圾问题以外，还着手解决餐厨厨余废弃油脂、建筑垃圾等不同类型的垃圾处理设施。可以预见，未

[1] 根据《2016 年全国大、中城市固体废物污染环境防治年报》的数据：北京市生活垃圾产生量为 790.3 万吨，则日均生活垃圾产生量已达 2.165 万吨。

[2] 资料来源：北京市城市管理委员会，《北京市“十三五”时期环境卫生事业发展规划环境影响评价公众参与公告 (第二次)》，2017 年 1 月 11 日，北京市人民政府网，http://zhengwu.beijing.gov.cn/sy/tzgg/t1465096.htm，访问日期：2018 年 2 月 5 日。

来垃圾处理设施选址仍然不可回避，应该对邻避风险未雨绸缪、早做安排。

表 2-5　2016 年北京市重点建设垃圾处理项目（10 项）

序号	项目名称	责任单位	项目法人单位	建设地点	建设规模及内容
新建项目（4 项）					
1	丰台区生活垃圾循环经济园餐厨厨余垃圾处理厂	丰台区政府	丰台区市政市容委	丰台区。生活垃圾循环经济园内	新增餐厨厨余废弃油脂处理能力 500 吨 / 日
2	朝阳区建筑废弃物资源化利用中心	朝阳区政府	北京市朝阳循环经济产业园管理中心	朝阳区。金盏乡	新增建筑垃圾处理能力 100 万吨 / 年，焚烧残渣能力 23 万吨 / 年
3	房山区循环经济产业园	房山区政府	房山区环卫集团	房山区。佛子庄乡	新增生活垃圾处理能力 1000 吨 / 日
4	怀柔区生活垃圾焚烧发电厂	怀柔区政府	北京市怀柔国有资产经营公司	怀柔区。庙城镇	新增生活垃圾焚烧能力 600 吨 / 日
续建项目（6 项）					
1	阿苏卫循环经济园	北京市市政市容管理委员会	北京华源惠众环保科技有限公司	昌平区。百善镇	新增生活垃圾处理能力 3000 吨 / 日，陈腐垃圾筛分能力 3000 吨 / 日
2	鲁家山循环经济园餐厨及残渣处理设施	北京市市政市容管理委员会	北京首钢生物质能源科技有限公司	门头沟区。鲁家山首钢鲁矿南区	新增餐厨垃圾处理能力 400 吨 / 日，残渣暂存场 700 吨 / 日
3	大兴建筑垃圾资源化处置厂	北京市市政市容管理委员会	北京市政路桥集团有限公司	大兴区。庞各庄镇	新增建筑垃圾处理能力 100 万吨 / 年
4	丰台区生活垃圾循环经济园湿解处理厂	丰台区政府	丰台区市政市容委	丰台区。生活垃圾循环经济园内	新增生活垃圾处理能力 600 吨 / 日
5	顺义区生活垃圾处理中心焚烧厂二期	顺义区政府	北京鑫浩投资中心	顺义区。杨镇	新增生活垃圾处理能力 700 吨 / 日
6	密云区垃圾综合处理中心	密云区政府	密云区市政市容管理委员会	密云区。巨各庄镇	新增焚烧垃圾能力 600 吨 / 日、污水处理能力 600 吨 / 日、粪便处理能力 300 吨 / 日、餐厨垃圾处理能力 30 吨 / 日

资料来源：北京市发展与改革委员会，《北京市 2016 年重点建设项目计划表》。

2.4.2 聚焦城市副中心建设

北京城市副中心的建设是为调整北京空间格局、治理大城市病、拓展发展新空间的需要，也是推动京津冀协同发展、探索人口经济密集地区优化开发模式的需要而提出的。规划范围为原通州新城规划建设区，总面积约 155 平方公里。外围控制区即通州全区约 906 平方公里，进而辐射带动廊坊北三县地区协同发展。

建设规划主要包括四个方面：京津津交通枢纽、和谐宜居示范区、文化发展创新区、一级国际商务新中心建设。

北京城市副中心规划邀请了全球最顶尖的 12 家规划设计团队参与。城市副中心建筑广泛应用了世界最先进的节能环保技术、标准、材料及工艺，全面推广绿色建筑的理念，大量使用了地热、太阳能等可再生能源以及装配式建筑技术，努力建成绿色城市、森林城市、海绵城市、智慧城市的示范区。这些方案都体现了生态城市的理念，体现了以人民为中心的思想，力求建成没有“城市病”的示范区。

城市副中心 155 平方公里范围内的绿色空间将占到约 40% 的比重，有大约 20 处 10 公顷以上的集中绿地，规划集中建设区内约有 15 平方公里的绿色空间。仅在规划集中建设区中的绿地，就几乎相当于原崇文区行政辖区的面积。到 2030 年，城市副中心要建成 38 个公园，群众出门 500 米就可以进入公园绿地。

副中心建设的同时，将加快配备教育和医疗资源。据通州区区长张力兵接受采访时透露，人大附中入驻通州三中，北理工附中入驻潞州中学，首师大附中入驻通州师范学院原址，北京二中分校通州校区改造等项目，将实现通州本地教育资源的提升。同时，人民大学的通州校区、首师大附中通州校区、景山学校通州校区等一批新的引进学校也将加快建设。北京五中通州校区 2017 年年底将竣工，2018 年全面投入使用。另外，2017 年年底安贞医院通州院区开工建设，人民医院通州院区 2018 年投入使用，儿研所、妇产医院已经确定落户通州，将服务副中心的发展。

建设北京城市副中心，不仅是调整北京空间格局、治理大城市病、拓展发展新空间的需要，也是推动京津冀协同发展、探索人口经济密集地区优化开发模式的需要。

加强城市副中心与中心城区、新城的交通联系，提高通勤能力只是一方面，更重要的是要引导中心城区人口随功能转移，实现宜居宜业、职住平衡。据透露，规划中通州将有60万至80万就业人口，这部分人要尽可能住在通州区，才能最好地解决交通问题。

北京城市副中心建设要高度重视绿化、美化，增强吸引力。通州有不少历史文化遗产，要古为今用，深入挖掘以大运河为核心的历史文化资源。保护大运河是运河沿线所有地区的共同责任，北京要积极发挥示范作用。

建设城市副中心是调整优化北京城市空间格局、疏解中心区过多功能、治理“大城市病”、拓展城市新空间、推动京津冀协同发展的一项重大举措。这是疏解非首都功能的一项标志性工程，其步骤是以市级机关率先启动搬迁，带动其他功能，带动人口和产业的疏解，是带有示范性和引领性的工作。

城市副中心的建设总体上对当地居民而言是一个重大利好消息，受到周边居民的欢迎。但是城市副中心的建设同样也涉及利益相关群体的沟通和协调，邻避问题正是总体接受而局部反对的情况，也有可能影响到当地居民的切身利益而受到阻挠。

2.4.3 雄安新区建设

2017年4月1日，中共中央、国务院决定在雄县、容城县和安新县及周边区域设立国家级新区。这是以习近平同志为核心的党中央作出的一项重大的历史性战略选择，是继深圳经济特区和上海浦东新区之后又一具有全国意义的新区，是千年大计、国家大事。

雄安新区规划建设以特定区域为起步区先行开发，起步区面积约100平方公里，中期发展区面积约200平方公里，远期控制区面积约2000平方公里。雄安新区定位二类大城市。设立雄安新区，对于集中疏解北京非首都功能，探索人口经济密集地区优化开发新模式，调整优化京津冀城市布局和空间结构，培育创新驱动发展新引擎，具有重大现实意义和深远历史意义。党中央、国务院通知要求，各地区各部门要认真落实习近平重要指示，按照党中央、国务院决策部署，统一思想、提高认识，切实增强“四个意识”，共同推进河北雄安新区规划建设发展各项工作，用最先进的理念和国际一流的水准进行城市设计，建设标杆工程，打造城市建设的典范。

规划建设雄安新区，是以习近平同志为核心的党中央为深入推进实施京津冀协同发展战略，积极稳妥有序疏解北京非首都功能，经过认真、谨慎、科学、民主的系统决策，作出的一项重大战略部署，具有重大的现实意义和深远的历史意义。要高标准高质量高水平编制新区规划，强化体制改革创新，加大政策支持力度，切实保护生态环境，将雄安新区建设成为绿色生态宜居新城区、创新驱动引领区、协调发展示范区、开放发展先行区。要合理把握开发节奏，坚决严禁大规模开发房地产，严禁违规建设，严控周边规划，严控入区产业，严控周边人口，严控周边房价，严加防范炒地炒房投机行为，为新区规划建设创造良好环境。要以对人民高度负责的态度，精心策划、科学有序、稳扎稳打，一步一个脚印，一茬接着一茬干，经得起历史检验。

2.5　京津冀协同发展中可能存在的邻避风险

京津冀协同发展的项目建设之中涉及了大量的工程建设，例如北京新机场、京津冀一小时交通圈、京津冀内部的“公交化”高铁，甚至包括新建的医院、高新技术产业园，这些工程建设涉及大量的征地，经济补偿，人员搬迁，并且在类似于高速铁路和机场的项目建成之后可能产生一定的负外部效应（如噪声和光污染）。另外，北京疏解非首都功能会将大量的制造业，重工业，包括一些农副产品批发、纺织品批发等的低端产业迁至天津和河北地区。例如，有严重污染的石油化工、钢材企业纷纷迁至河北曹妃甸、廊坊、保定等河北各县市，另外，兴建雄安新区以及城市副中心可能需要一些配套基础设施建设，火葬场、垃圾场、核能风能发电站等具有高邻避风险的项目可能随之而来。

以上提及的各种情况都可能引发公众的邻避情绪，京津冀协同发展战略是互惠共赢的，当公众因为协同发展而受到一定的利益损害时，可能会爆发邻避冲突，产生不利于整体战略布局的后果。

因此，吸取我国已经发生过的邻避冲突的经验教训，结合京津冀地区自身环境、社会等特征，针对具体问题进行前瞻分析，通过科学的风险沟通、公众参与等方式，将邻避风险降到最低，有利于京津冀协同发展战略的顺利推进。

本书通过梳理京津冀系统发展战略的项目建设，特别是其中的重点领域，并结合国内外实际案例的经验教训，以及国内外学者对于邻避问题的研究成果，将邻避风险的环节控制的方法运用于京津冀协同发展的具体领域，通过具体问题具体分析的办法，提出前瞻分析和对策建议。

第3章
京津冀协同发展中邻避风险的前瞻分析

3.1　京津冀地区邻避事件案例的历史性分析

在全国邻避事件高涨的背景下，京津冀地区也未能幸免。在过去的十多年中，京津冀地区发生多起规模不等的邻避事件。表3-1列举了2003年以来京津冀三地发生的13起影响较大的邻避事件。这些案例的选取来自学术文献、新闻报道、社交网络等多种途径，由于从不同角度受到社会关注，因此这些事件都具有一定程度的动员规模，或者产生了较大的社会影响。除此以外，京津冀城市化进程中还时常出现施工噪声、废气排放、遮光遮挡视线等原因引起的零星的、小规模的邻避设施抗议事件，但是由于没有更多的案例资料，缺乏深入观测的基础，因此没有纳入本节的分析。应该指出的是，这里列举的只是京津冀发展现实中非常有限的一小部分案例。

从表3-1可以看出，京津冀地区邻避事件的特征包括：发生时间早、涉及类型广、动员范围大、发展演变具有典型意义等。

表 3-1　京津冀地区典型性邻避事件一览表

序号	时间	地点	事件	类型
1	2003	北京	望京西园居民抗议附近建加油站事件	风险集聚类
2	2004	河北 石家庄	其力垃圾发电厂事件	污染类
3	2006	河北 张家口	大汤国际沙岭子发电厂事件	污染类
4	2006	北京	北京南站改扩建工程事件	污染类
5	2007	北京	六里屯垃圾焚烧发电厂事件	污染类
6	2008	北京	望京变电站事件	风险集聚类
7	2009	北京	阿克苏垃圾焚烧厂事件	污染类
8	2009	北京	北京万科青青家园居民抗议附近墓地事件	心理不悦类
9	2009	北京	海淀区颐源居住户反对北京地铁十号线二期工程在小区公共绿地内建设通风井事件	污染类
10	2012	河北 秦皇岛	秦皇岛西部生活垃圾焚烧发电厂事件	污染类
11	2012	天津	PC 绿色化工项目事件	风险集聚类
12	2012	北京	京沈高铁事件	风险集聚类
13	2013	河北 衡水	衡水居民抗议东北助剂化工厂事件	风险集聚类

资料来源：作者根据公开文献资料搜集整理。事件类型按照陶鹏和童星 (2010) 提出的类型学分为：污染类、风险集聚类、污名化类和心理不悦类。其中，污名化类邻避项目［由于对于某些群体的污名化，造成对于该类人群集聚的设施（如：戒毒中心、精神病治疗机构、传染病治疗机构、监狱、社会流浪人员救助机构）产生的反对情况，参见表 1-1］在现有掌握的京津冀地区邻避案例中较为少见。

3.1.1　发生时间早

一般而言，2007 年厦门 PX 事件被视为是标志性的中国式邻避案例。2007 年，台资企业腾龙芳烃（厦门）有限公司拟投资在海沧区兴建的计划年产 80 万吨对二甲苯（PX）的化工厂。由于担心化工厂建成后危及民众健康，该项目遭到百名政协委员联名反对，市民集体抵制，最终导致厦门市政府宣布暂停工程。厦门 PX 项目事件从博弈到妥协，再到充分合作，留下了政府和民众互动的经典范例。厦门 PX 事件通过微博等社交网络的传播在全国引起了广泛关注，邻避事件的方式和所取得的积极结果在全国公众的心中产生了震动。

但是，2003 年 11—12 月，望京西园和望京慧谷时空的上百名业主就发生了抗议开发商私自将体育馆用地改建加油站的事件。2003 年，北京石油公司拟在望京西园旁的望京体育公园东北角兴建加油站，在规划图中这片地区被称作望京 D5 区。11 月 11 日，有业主在北京市规划委的网站上发现了望京 D5 区的规划更改计划，该区域已在 2003 年 6 月 13 日被规划为加油站。望京 D5 区闲置了 6 年之后，迎来的却是在此开建加油站，业主们质疑此规划变更的合理性。据业主介绍，按照原规划，这片区域是要建一个包括游泳池、羽毛球馆的综合体育训练场馆。11 月 23 日，望京西园和望京慧谷时空的上百名业主在望京体育公园前召开“业主维权大会”，抗议开发商私自将体育馆用地改建加油站，希望能和政府部门见面。12 月 20 日，望京西园业主的抗议行动再度升级，近百名业主怒砸加油站施工现场，怒推施工现场围墙，导致施工被迫停止。

望京业主反对加油站建设事件是城镇化进程中的典型邻避事件，比 2007 年的厦门 PX 事件要早将近四年，虽然影响的范围不大，主要是邻里范围内的抗议，却是一个较早的邻避事件样本。实际上，北京、上海、广州等地城镇化进程较快，经济发展程度高，市民的收入水平和受教育水平都较高，对环境、健康的需求增长较快，同时也具有较高的民主和公平诉求，因此，邻避抗议率先在这些地区发生。

京津冀协同发展将迎来一个新的项目投资和建设的高潮，其中不乏一些污染性产业项目的转移和承接，以及一些具有潜在环境和健康风险的市政设施和交通设施的兴建。特别值得注意的是，和 2003 年相比，公众的维权意识、行动能力在过去的 15 年中不断提高，随着社交媒体的迅猛发展，风险信息的传播方式也较 15 年前更加快速和广泛，网络舆情演变具有更大的不确定性。因此，京津冀协同发展中的重大项目决策必须具有高度的社会风险防范意识，避免重蹈覆辙。

3.1.2　涉及类型广

在表 3-1 的整理归类中，本研究遵循陶鹏和童星（2010）对邻避事件的类型学分析，将 13 起邻避群体性事件归为“污染类”“风险集聚类”“心理不悦类”，这三类事件分别对应经济理性、技术理性和价值理性的逻辑（张乐、童星，2013）。其中“污染类”邻避事件占 7 起，是所搜集的案例中最多的一种类型。“污染类”邻避项目在运行过程中可能产生空气、水、土壤及噪声污染等的设施（如高速公路、市区高架、垃圾处理设施、污水处理设施），因具有潜在危险性或污染性导致民众反对。

从表3-1可以看出，当前引发邻避事件的领域越来越广泛，且从化工厂、污水处理厂、火力发电厂等类型的污染类项目，逐步扩展到了火葬场、加油站、移动基站、高度铁路等民生类项目和市政基础设施项目。邻避事件发生领域的延伸，不仅重返反映出邻避现象背后的环境正义问题，也反映出公众在不断提高对生活环境质量的关注度（蔡欣欣、宋鹏，2015）。例如，京沪高铁的建设初期，沧州部分路段的沿途村民因担心高铁运行后产生的噪音影响日常生活，经常到部分路段阻碍高铁施工。

3.1.3 影响范围大

京津冀地区近年来发生的有些邻避事件影响范围较大，参与人数众多，引起社会广泛关注。如2009年河北石家庄村民围堵其力垃圾发电厂事件，引起社会媒体高度关注。其力垃圾发电厂选址在石家庄市桥西区玉村西部的西二环路和西三环路之间，在2003年被国家环保总局列为我国“北方地区生活垃圾处理示范工程”，在2009年被石家庄市政府列为“十大亮点工程”。其力垃圾发电厂周边1公里范围内，共有7个村庄、5个居民小区。《生物质发电项目环境影响评价文件审查的技术要点》规定，“焚烧炉和居民区的直线距离不得低于300米”，在其力垃圾发电厂的危险范围内，有东良厢村和南社新村两个村庄以及碧水蓝湾小区，涉及人口约为4000人，与其力垃圾发电厂一墙之隔的是19栋住宅小区，往西不远处是为明渠的南水北调工程。自2004年其力垃圾发电厂筹建以来，临近的居民害怕其力垃圾发电厂排放的二噁英、垃圾粉尘等有毒物质会对身心造成严重的影响，而不愿与其毗邻，希望其力垃圾发电厂变迁，有众多村民向政府有关部门多次反映情况，并引起政府的关注。后来村民发起了散发传单、围堵工厂大门、张贴大字报、万人签名等抵制行动。《中国青年报》在2010年1月6日以《垃圾发电悬在居民头顶，谁管？》为题对其力垃圾发电厂进行了负面报道和曝光。迫于民意和舆论压力，石家庄政府研究决定，将其力垃圾发电厂搬迁重建（蔡欣欣、宋鹏，2015)。

2013年，河北衡水武强县东北助剂化工有限公司（以下简称“东北助剂化工厂”）厂门遭到了当地小流屯村、武安庄村、南三堤村、小漳村等几个村的村民封堵，当地居民怀疑东北助剂化工厂的违规排放对当地居民造成了严重的健康后果。附近村民近三年癌症高发，小流屯村 3 年 59 人患癌症，小漳村因癌症去世者为 8 人，南三堤村患癌症人数为 9 人（包括健在者），武安庄村患癌人数也在 10 人左右。东北助剂化工厂通过围墙空洞外排废水，厂区附近农作物大面积枯死。当地村民高举条幅、支起帐篷，24 小时封堵东北助剂化工厂厂门，禁止输送原料的车辆进入工厂，要求工厂搬迁，双方对峙长达一个月之久。武强县环保局对东北助剂厂下达了停产调查的决定，后经有关部门协调，双方未激化矛盾而造成大规模冲突，围堵村民也予撤离（蔡欣欣、宋鹏，2015）。

3.1.4　发展演变具有典型意义

在表 3-1 中列举的京津冀地区 13 起邻避事件中，一些事件持续时间长，政府和公众的协商沟通经历了几轮反复过程，协商的内容包括环境监管、经济补偿、项目搬迁等广泛议题，已经成为我国邻避事件的典型样本。

比如阿苏卫邻避事件此起彼伏 20 年，阿苏卫垃圾填埋场的运营多次引发了当地村民的抗议活动。随后垃圾焚烧发电厂的建设也一度引起当地别墅区业主的集体反抗进而触发了一系列的邻避事件。地方政府为解决邻避冲突从起初的环境补偿、技术改进逐步提升到村庄搬迁、环境监管以及规范决策程序方面上来（见表 3-2）。倡导 20 年的阿苏卫邻避事件对推动邻避决策的透明度和治理的现代化具有典型意义。

表 3-2　北京阿苏卫垃圾处理设施中政府行为的变迁

冲突阶段	填埋场运营				焚烧厂建设		
	环境补偿	技术改进	村庄搬迁	环境监管	决策程序规范	公众参与	信息公开
冲突潜伏期	1	1	0	0	—	—	—
冲突升级期	1	1	0	0	0	0	0
冲突缓和期	1	1	1	1	1	1	1

表格说明：“0”代表政府未选择的行为，“1”代表政府选择的行为。

资料来源：（崔晶、亓靖，2017）。

北京六里屯垃圾焚烧发电厂事件在公众参与形式上也具有典型意义。2005 年 9 月，北京市拟在六里屯垃圾填埋场南侧新建垃圾焚烧发电厂，在 2007 年 3 月动工建设垃圾焚烧发电厂。消息传出后，遭到填埋场周边居民的强烈反对。由于担心由此产生的二噁英污染，居民通过多种途径呼吁政府部门慎重考虑选址问题。六里屯垃圾焚烧发电厂周边 4 公里的范围外，分布着大量人口，如 4 ～ 6 公里的范围内，就有润千秋佳苑、百旺家苑、西山庭院、天秀花园、西山华府、百草园社区、博雅西园，麒麟家园、紫城等诸多居住小区，中央民族干部学院、中国农业大学 (西校区) 等高等院校，以及联想电脑公司、北大方正、清华同方、美国通用电气公司、林科院、海淀留学人员产业园等企业和科研机构。2007 年 2 月和 3 月，居民钱左生、李慧兰等人分别向国家环保总局提出行政复议申请，以选址不当和公众参与不合法等理由请求国家环保总局责令北京市环保局撤销对六里屯垃圾焚烧发电厂环境影响报告书的批复。直到 2011 年春节前夕，时任海淀区区委书记赵凤桐在北京市两会上明确回应，不在六里屯建设垃圾焚烧发电厂，从而为该事件画上了句号。

六里屯事件中公众参与的困境具有典型意义，主要是由以下五个方面的原因造成的：①技术理性的城市规划传统对公众参与的排斥；②政府集权制决策模式对公众参与的漠视；③城市规划实施机制过度行政化的不良影响；④邻避设施规划涉及的利益复杂性使政府对公众参与产生排斥心理；⑤公众参与主体能力建设不足与参与门槛高度的矛盾（郑卫，2013）。这些参与困境在全国其他的邻避事件中也有所体现，代表了邻避决策的结构性缺陷。这些典型意义的邻避事件对推动邻避决策的优化、积累化解冲突的经验起到了积极作用。

3.2　京津冀协同发展中邻避风险的特殊性

3.2.1　行政主导

京津冀协同发展和长三角、珠三角地区的协同发展相比，在发展动力上存在很大差异。长三角、珠三角地区的协同发展是以市场经济为基础的，区域内的产业形成了异构互补的结构，通过市场关系形成紧密的产业链条，城市群之间也具有差异化定位，在区域发展中出现多赢局面。而京津冀协同发展是依靠行政力量推动的国家战略，以疏解非首都功能、解决北京“大城市病”为基本出发点，推动京津冀三地作为一个整体协同发展。尽管京津冀的协同发展十分重视市场原则，以经济手段为重要引导工具，但是在功能定位和城市布局上仍然存在明显的行政色彩。同时，京津冀地区尚未形成实力相当的城市群，北京和天津经济实力雄厚，对周边资源形成虹吸效应，京津冀协同发展战略正是要打造世界级城市群，形成环渤海经济发展区，带动北方腹地的整体发展。在强劲的行政力量左右下，重大项目的决策数量众多、时间压力大，如果对社会公众的调查和沟通稍有疏忽，便极易引发社会风险。

迄今为止，我国推进公益性项目建设主要依靠政府行政手段。政府行政手段具有动员能力强、决策效率高、能够集中力量办大事的优点。但随着健康意识和权益保护意识不断得到法律和政策的支持，单纯依靠政府行政手段推进项目建设已变得越来越困难（汤汇浩，2011）。此外，过去在经济水平较低情况下，邻避设施的规模通常较小，影响范围也比较有限，较易按照分散化的方式，由各地方和基层政府承担，成各自分担的局面，使得邻避效应并不明显。在经济持续发展情况下，服务需求量迅速上涨，有害物质及其影响增加，对相关设施的经济技术监管加强，进入门槛提高，则邻避设施出现规模化和集中化发展的趋势，其外部负效应也出现再分配和集中化的趋势，使邻避效应日益突出。

此外，中国行政权力的分割框架的特色导致了中央政府在事件风险较高、形势比较复杂的情况下分身乏术。Hongyan Gu(2016) 在他对中国邻避事件中行政权力的分析中发现，维持社会稳定的宗旨使得地方政府以一种特殊的方式来暂时处理了这些邻避问题的焦点，但是却带来了更多的问题。中央采取了一些体制上的手段来使项目选址的公众参与常规化，同时也使地方政府为环境决策承担更多的责任。关于政府对邻避抗争多层级反馈的研究提供了一个新的洞察促进（或限制）公众参与设施选址问题的权力结构的视角——权力分割框架。权力分割能有效防止低级的权威滥用镇压的手段损伤其政权的合法性，或者是可能带有更多要求和反抗行动的无条件的妥协。中央政府更看重的是保护政权的合法性，其宗旨是政策的实施以及维护社会的稳定。不同层级的政府会有不同的成本效益的考量，这也决定了他们如何回应人们的抗争。

地方政府一般倾向于采取妥协的方式，或者是让中央政府介入——这样就使他们的行动具有了合法性，并且使其免于滥用权力的罪名。地方政府更加注重完成绩效，而中央政府更加注重维护其政权的合法性、稳定社会。许多本在地方政府可以治理好的事件未经妥善处理，极有可能扩大影响范围，最后不得不交予中央处理。

在京津冀协同发展规划的大背景下，邻避风险的发生受到较强劲的行政力量左右。行政主导下的邻避风险具有两个明显特征：第一，在京津冀邻避风险的处理中，以政府为代表的行政力量是相对以企业为代表的市场力量的强权方，市场等其他的力量相对弱势。第二，邻避风险的发生范围较集中于行政规划下新建或转移的大型公共设施，由于是地方政府主导政策的制定，通过行政权力自上而下地推进项目的进展，很容易忽略地方群众的主观意愿和利益诉求。

就第一点来看，应对行政主导的邻避风险问题，有着特殊的优势，即可由政府最大限度地调动行政力量，减小相关的阻力，自上而下地影响整个邻避冲突的解决过程。但行政主导意味着市场的作用受到限制，邻避风险的解决也会面临一些挑战。相关文献都指出，京津冀协同发展离不开政府和市场两方面的调控，在解决三地协同发展可能面临的邻避风险时，需要兼顾行政与市场。从宏观层面来看，中央顶层的制度设计和行政干预是京津冀协同发展必不可少的组分，“政府的有形之手”是实现京津冀三地在交通一体化、环境协同治理、产业转移等多方面统筹目标的关键，但与此同时，还应重视“市场的无形之手”对优化资源配置的作用。行政力量能够协调的是区域协同发展的总体方向、总体资源分配比例，而具体到每一个子项目，哪一个企业的搬迁、哪一类群体的转移能实现要素配置优化，还需要尊重市场的配置作用和法治的保障作用。

依靠地方政府主导政策制定并通过强有力的行政权力和行政命令来推行京津冀协同发展虽然有其可行性，但过多单纯依靠这种模式存在着非市场性、非制度性、难监督性等特点，在日益强调法制化、市场化、公平化等的中国当下，面临的压力和挑战也会与日俱增（薄文广、陈飞，2015），因此迫切需要适当时候向更多利用经济、法律的市场化调控手段转型，通过构建利益相关方的协调机制（利益表达机制、利益分配机制、利益实现机制、利益保障机制等），仔细研究出台财政、税收、金融、产业、土地、人才等协同的配套政策，在此基础上构建京津冀协同发展的长效机制。类似的观点受到学者的普遍强调，杨宏山和石晋昕（2018）也指出，推进京津冀城市群建设，既要充分发挥市场在配置资源中的决定性作用，也要发挥政府的作用，三地需要增进政策协同，化解隐形壁垒，支持产品、劳动力、资本等生产要素自由流动，深化城际分工协作，发挥各自资源要素禀赋比较优势。

“行政区经济”一词可以帮助我们理解政府一家独大的情形。杨亚男指出，行政区经济是指基于传统行政区行政的思维模式，在各自行政管辖的地理区域范围内追求经济发展。京津冀三地在处理某些本应由市场机制和非政府组织解决的问题时出现职能越位、错位的现象，而在有些本应由政府解决的问题时政府由于寻求自我利益故意不作为又出现职能缺位的现象。20 世纪 90 年代以来，我国社会主义市场经济发展取得了突飞猛进的进步，在此环境下京津冀区域的市场经济也取得了巨大发展，但是其进一步的发展越来越受到行政区经济的束缚。改革开放后这种模式没有很好地进行调整，市场机制和民间组织的功能发挥受到制约，京津冀各自为政，地方保护主义盛行，导致闭合型行政经济的出现，京津冀区域协同发展和区域竞争力提升受阻，区域发展一体化的进程受到限制。若不能进行深度的区域协作，不仅京津冀的协同发展会受到重重阻碍，行政主导下的邻避风险也面临着难以通过良好的沟通协商来解决的境况。

另外，须知行政主导规划的邻避项目同样存在负外部性、风险性、不确定性、非自愿性等邻避特征。由于是政府负责把关，在处理这类设施时就更应该注重决策程序的公正性，绝不能忽视环境影响评估和风险沟通环节。行政主导容易忽视公众主观意愿的弊端（何艳玲，2014）。在以行政主导的邻避设施决策中，公众不仅在经济性成本与损失方面难以得到承认，其在价值和情感方面的坚持更难以得到公共决策者的认同。在公众权利意识觉醒的情况下，其利益、价值与情感的表达常常呈现个体化的特征，缺乏相应的规范和标准。这些都需要人大、政协、司法等作为公正的第三方介入，对公众的意见进行方向性引导并在由行政部门主导的决策中保护公众的各项权利。

由于京津冀协同发展项目的特殊性，涉及项目的部门多样，如何统一高效雷厉风行地处理事件危机是需要慎重考虑的。除了京津冀三个行政区划的地方政府需要对此问题加以关切之外，专门负责京津冀协同发展战略的项目组也应该为此担负一定的责任。整体上由专题项目组牵头，地方政府配合。在部门分工之中，由于邻避项目大多是环境问题，因此应该充分发挥环保部的影响力，给予其实权，各部门配合，打好攻坚战。

3.2.2 跨区域

京津冀协同发展的跨区域性质可能在以下两个方面不利于邻避风险的防控：一是京津冀三地经济发展很不平衡，二是跨区域重大项目需要京津冀三地建立有效机制实现联防联控。

京津冀协同发展主要集中在三地交通基础设施互通互联、区域环境联防联治，以及以首都非核心功能疏解为重点的三地产业协同发展等三方面（薄文广、殷广卫，2017）。在交通一体化、环境协同治理、非首都功能疏解的过程中，需要做大量工作来实现北京、天津、河北三地的协调统一，而跨区域也成为京津冀协同发展中邻避风险的另一特征。跨区域意味着一个具体的项目要获得批准需要经过不同行政区域的考核，具体的实施也需要多方的通力合作，不可能由某一方单独地拍板来决策和推行。“三省一盘棋”的思路是京津冀协同发展的关键，也是解决跨区域邻避事件的重点。具体而言，要实现“三省一盘棋”的目标，防范京津冀跨区域的邻避风险，需要预先明确以下几点。

首先，京津冀三地的区域整体定位和功能定位存在显著的不同，明确这些不同有利于进一步缩减跨区域邻避风险。《京津冀协同发展规划纲要》明确指出了京津冀区域的整体定位和各自的功能定位。京津冀的整体定位是“以首都为核心的世界级城市群、区域整体协同发展改革引领区、全国创新驱动经济增长新引擎、生态修复环境改善示范区”。围绕这个总体目标，未来京津冀三省市定位分别为，北京市：“全国政治中心、文化中心、国际交往中心、科技创新中心”。天津市：“全国先进制造研发基地、北方国际航运核心区、金融创新运营示范区、改革开放先行区”。河北省：“全国现代商贸物流重要基地、产业转型升级试验区、新型城镇化与城乡统筹示范区、京津冀生态环境支撑区”。从京津冀三地的功能定位来看，三地的功能既有差异又有共同之处，最终统筹于“区域协同发展”的大目标。在京津冀协同发展的战略中，许多公共设施的建设势在必行，涉及交通设施（如公共道路修建、新机场建设），会带来环境污染的设施（如垃圾焚烧厂、化工废料处理厂），及需要在区域间转移的设施（如从北京迁出进入河北的工业项目）等大型工程数量众多，如何建立起三地真正能够协同发展的机制，使京津冀的交通一体化、产业转移和环境治理能够顺利开展，是应对未来可能发生的邻避风险时需要考虑的。

第二，京津冀三地不仅存在区域整体和功能定位上的不同，三地本身的社会发展状况也存在极大的差异。杨宏山和石晋昕（2018）指出，当前京津冀三地发展差距过大，北京和天津的城市体量巨大，集聚了大量优质资源，发展水平居于全国优势位置，对河北省的“虹吸效应”显著，河北省城镇体系的体量较小、综合实力较弱，区域发展面临着城市群规模结构失衡、环境污染严重、首都“大城市病”凸显等突出问题。京津两极过于“肥胖”，周边中小城市过于“瘦弱”，特别是河北与京津两市经济社会发展差距较大，公共服务水平落差明显。北京和天津占有极大的资源，发展水平领先，河北的综合实力相对弱，京津冀协同发展不得不面对区域城镇体系的结构失衡问题。

皮建才等（2016）回顾了相关文献，也表达出类似的观点。其总结出京津冀地域上的几个特殊性导致了三地之间合作难以达成。比如，李建民 (2014) 认为，京津冀城市群为“双核极化”结构，京、津两个超大城市吸收并集聚了该区域大部分资源，从而使得整个区域发展失衡。薄文广和陈飞 (2015) 认为，京津冀产业结构差异明显，所以难以良性互动。还有一部分学者基于政府行为理论，对京津冀一体化问题进行了分析。比如，周立群和邹卫星 (2006) 认为京津冀地区发展差异之所以巨大，主要源自地方政府行为推动的循环累积效应。张亚明和刘海鸥（2014）通过建立京津冀科技资源共享的博弈模型，得出了地方政府往往会陷入“囚徒困境”的结论，所以难以达成合作。皮建才等认为，先天的地缘条件难以改变，建立共享的声誉和理念也并非一日之功，所以，通过协调京津冀各地地方政府以及企业之间的利益来推动京津冀协同发展的进程，在新形势下就显得尤为重要。京津冀协同发展不仅需要发挥政府“看得见的手”的作用，更需要发挥市场的“看不见的手”的作用（丛屹、王焱，2014；孙久文、原倩，2014；周立群、曹知修，2014)。

第三，京津冀三地之间存在较大的行政分隔，彼此之间的资源共享和交换效率低，给统筹工作带来困难的同时，也增加了邻避风险治理的难度。中国土地勘测规划院副总工程师邹晓云认为，京津冀地区是行政割裂最为明显的地区，行政管辖区之间资源交换的共享性和互补性非常低。目前由于行政界线的割裂，很多企业宁愿挤在地价高昂的北京，也不愿意去只有一条马路之隔的河北。如果一体化能够真正实现，这一现象就不会存在。可见，行政的割裂是跨区域工程建设难度大的一个根本性原因。如果不打破三地各自为政的格局，建立起相对完备的协调机制，将很容易形成难以解决的邻避事件，促成“三个和尚没水喝”的共输格局。

杨亚男（2014）也指出，京津冀协同发展依赖科学可行的区域城市分工布局，需要在促进京津冀区域经济、政治和社会发展的前提下协调三地各自的发展定位和目标，破除各自为阵和地方保护主义。在市场经济快速发展的今天，市场经济外部效应的负面后果日益凸显，重复建设和低效运行导致的环境恶化和生态污染屡见不鲜，而各地政府为了经济发展和官员政绩，对此却熟视无睹。同时，社会治安问题、水资源枯竭、传统的行政区经济理念也对京津冀区域的一体化发展构成了阻碍。由于京津冀区域内存在许多不同政治地位和经济发展程度的大城市和中小城市，需要根据各自不同的资源要素禀赋充分发挥京津冀三地政府之间、不同层级城市政府之间的协调作用，在尊重市场规律和构建公平、公正、稳定、有序的市场环境的基础上发挥政府的宏观指导和协调功能，弥补市场失灵。另外，由于京津冀区域内存在大量复杂的政治、经济、社会问题，仅仅依靠政府和市场的力量还不够，还需要发挥大量第三部门组织的作用，如生态环境保护组织在当前的环境保护方面就发挥了重要作用（杨亚男，2014）。

第四，京津冀跨行政区域的协同发展离不开交通基础设施的建设，在协同发展战略的引领下，全面打通跨行政区的“断头路”，消除“瓶颈”路段的同时，京津冀城市群之间高速铁路、城际铁路、高速公路的架构也不断优化完善。但蕴含在交通基础设施领域的邻避冲突也越发使人担忧。温玉君指出，上海市超常规、跨越式的城市轨道交通带来工程风险问题是上海城市轨道交通的核心问题。他提出以下上海城市轨道交通建设过程风险控制与管理的对策，包括：开展工程建设的风险评估工作，分类管控各种工程风险；加强技术标准制定与统一，及时制定各项管理规章，形成风险管控工作机制；加强工程前期设计阶段的技术审查；加强高风险工程施工方案的专项技术审查；把握工程风险的关键问题和关键环节，充分发挥科技创新对降低工程风险的作用；建立完善的现场风险控制体系，及时有效地处理各种工程风险；运用先进手段加强应急处置能力。这些措施均可作为京津冀一体化交通设施建设的参照，借鉴上海的交通工程风险管理方法，将有利于从技术上更好地化解京津冀协同发展的邻避风险。

令人欣喜的是，自京津冀协同发展以来，作为市场主体的企业纷纷重新布局京津冀，仅 2014 年，河北省就从北京和天津引进资金 3757 亿元，占全省当年全部外来资金的 51%。此外，据不完全统计，自 2014 年至 2016 年底，京津冀新组建成立的跨省市产业联盟已达 80 多个，很好地培育了各类中介组织的优势，长期困扰三地的交通梗阻和“断头路”问题也逐渐得到解决。在协同发展中，京津冀“你中有我、我中有你”的协同共赢格局正在逐渐形成。

3.2.3　利益多元化

京津冀协同发展战略波及范围广，利益相关主体人数多，不同利益群体之间的差异巨大，同一利益群体内部的差异也非常大，越复杂的群体其所带有的价值立场、利益诉求就越多样，问题也越棘手。

京津冀地区是一个很大的地域范围，在这片土地上生活工作的人也复杂多样。相较于其他单独的省市直辖市，京津冀地区北部的社会结构差异明显，河北省、天津市、北京市三大产业从业人员比例差距巨大，河北省农副产业从业人员明显高于京津两地，而京津两地的国家机关从业人员、商业从业人员、专业技术从业人员明显高于河北省。受教育程度大致也呈现京津两地人口明显高于河北省人口。

在这一前提下，当京津两地与河北省在产业转移、人员疏解、项目建设方面发生一定的利益分歧时，两个群体之间可能由于价值立场差异大而产生一些矛盾。价值立场差异巨大的两个群体间进行沟通交流，相互理解的可能性变小。可能出现弱势群体利益受到损害的情况，但极端情况是当弱势群体的利益受到严重损害时，会爆发一些难以调和的冲突矛盾。

此外，利益分歧也是三地矛盾触发的关键点。地方利益是地方政府做出行政决策的驱动力，地方政府组织作为“理性经济人”，势必要追求本地区的经济发达、人民富足，这也正是区域一体化的目的之一（潘静、李献中，2017）。三地在地理位置上虽是接壤的，但从行政区划上看依然是独立的，这就决定了三地政府的利益取向不可能完全一致。现实情况是，同一设施或项目的建立不可能使三地的各个主体获得均等的利益。那么，在执行京津冀协同发展战略下的某一具体任务时，地方政府一定会首先权衡自己的利益。如若会有损自己的利益，就可能会造成对项目的怠慢、消极不作为甚至反对，从而影响项目的顺利推进，严重的或产生牵涉多方利益关涉者的邻避事件。

借鉴潘静等对京津冀环境的协同治理所提出的建议，“京津冀环境治理中地方政府的协同要以利益协调为先导，三方的发展平和产业结构不同决定了其利益追求存在差异，在充分考虑各方实情和尊重各方利益的基础上，建立区际政府协同方案”。在京津冀协同发展的邻避风险防范中，也要注重三地政府的利益协调，认识到风险涉及的主体自身情况差异大、内部利益分化复杂，尊重和统筹各方的利益，从而有效防范和治理邻避风险。

另一种情况是，当差异巨大的群体成为统一利益群体时，内部的利益诉求纷繁芜杂，难以统一。如果想要解决这种情况下的邻避冲突，必然需要顾及该群体里不同人群的诉求，才能时矛盾得到缓解。

同一群体内的利益取向往往是多种多样、外人难以了解的，比如一座垃圾焚烧厂的落地选址遭到选址地附近居民的抗议，虽然是同一地域内生活的同一群体，这部分人的社会经济地位、受教育水平、个人经历都有可能截然不同。虽大部分抗议群众公开的反对理由都是保护环境和生命健康——矛头直指垃圾焚烧厂的落地势必污染空气、有害健康，但除了公民个体自身以外，其他人很难了解到他们抗议的真实动机。研究者或许可以猜测部分居民之所以抱有邻避情绪，与垃圾焚烧厂选址此处可能降低该处附近的土地和房屋价值有关，出于对自己的财产价值的保护，居民才参与到反抗行动中来。

但这种猜测很难根本上得到居民的证实，原因有二：第一，居民采取行动的动机一般不是绝对纯粹的，或许有为集体利益考虑，同时也会考虑自己的私人利益，二者的轻重很难去衡量和认定，现实中它们往往是混合的，只是所占的比重不同罢了；第二，即便居民确有保护环境和生命健康之外的利益考虑，也很可能会出于道德的压力而避免表达公共利益以外的需求。可见，了解同一群体内个体的真实诉求尚且是十分困难的，更何况去弥合他们利益之间的缕缕缝隙。京津冀协同发展所要面临的挑战与邻避风险压力，也就蕴含在这浩大的利益海洋之中了。

利益分化主要存在于两个维度，一是不同区域主体之间（北京、天津、河北三地），二是不同社会主体之间（政府、居民、企业等）。另外，现实中在同一主体之间也可能存在利益的分化，这客观上加剧了京津冀邻避冲突的化解难度。

邻避设施固有的负外部性、风险分布不均衡性使得利益分配必然不均，政府、企业、民众等多方利益关涉主体之间会存在利益的冲突，这里指的是不同是社会主体。而作为社会经济发展水平差异巨大的京津冀，尤其是河北与北京、天津的差距较大，邻避风险的复杂性就更加凸显。河北与天津分别承接北京的重工业与技术开发区转移，以钢铁冶炼工业、焚烧发电站包括核电站在内的众多企业具有相当大的负外部效应，占据当地居民土地的同时也造成环境污染，然而在拆迁补偿方面，各地却存在明显差异。此外，虽然有大量的以亦庄开发区、保定中关村创新中心为代表的高新技术园区建立，但大多数当地民众无法在此过程中获得政策红利，却要承担发展中因物价、房价上涨带来的资产难保值风险、环境污染风险等。不同区域不同利益群体之间补偿与收益差异过分悬殊，利益分配不公，使公民的被剥夺感和不公平感增强，进而引发了针对自身利益的突发事件（巩竞，2017）。

就环境协同治理问题而言，京津冀三地的利益分化也使得生态环境问题化解存在巨大的障碍，相关的环境设施在选址和建设的过程中引发邻避冲突的可能性较大。

三地的地方利益保护难以保证环境协同治理效果。作为同级地方政府，京津冀三地间自发的协商成本比较高，各项环境政策的实施容易受地方利益影响，政策效果难以得到保证。虽然地区已有整体的生态化工程，但是尚未建立政府间完善的区域协调机制，难免出现重建设、轻维护的现象（王遥、潘冬阳，2015）。具体以京津冀地区雾霾治理为例。近年来，京津冀地区雾霾天气频发，给人们的生产生活造成了巨大的负面影响，雾霾污染的治理成为人们关注的重点生态问题。现实中京津冀地区的生态治理涉及不同区域利益主体，而且不同区域间进行生态治理的动机存在差异甚至冲突的地方。简单以“一刀切”的方式对不同区域进行生态治理，不仅对利益受损区域不公平，而且无法形成有效的激励机制。由于生态治理问题背后是各地区产业结构和 GDP 的取舍，而 GDP 又直接关系到不同地区财政收入、就业等切身利益，涉及政府、企业和居民等众多利益主体（王家庭、曹清峰，2014）在文献综述的基础上，王家庭等还指出，尽管现实中区域生态治理可以依靠政府来强制推动，但企业和居民潜在的机会主义动机可能会使生态治理的效果达不到预期目标。

还可以从成本和收益的不对等来理解京津冀地区的利益多元化。从环境污染治理投资额占 GDP 的比重来看，北京市为 1.31%，天津市为 1.55%，而河北省为 2.54%，河北省的生态治理负担要明显高于其他两个省份。但由于生态环境的外部性，整个京津冀地区都享受到了由此带来的收益。另一方面，在生态资源的跨地区调配方面，河北省也承担了大量成本。以水资源为例，为保证北京市的用水质量，河北省张家口市近十年来先后关闭污染企业 600 多家、停产治理 280 多家，放弃了 20 多个效益好而污染大的项目；在承德潮白河流域，先后禁止的工业项目达 800 多项，每年损失利税 10 多亿元（张云、张贵祥，2009）。但目前来看，河北省对整个京津冀地区生态环境的贡献并没有得到完全的补偿，少有的一些补偿多属临时性协议，未形成长期的固定制度安排。可见河北省参与京津冀生态治理的成本和收益不对等，不仅其参与生态治理的动力被削弱，而且容易从这种潜在的利益矛盾中衍生出大型的环境性邻避事件。

杨亚男在政策网络视角下来研究京津冀区域协同发展机制。他认为，作为一种研究范式和话语理论，政策网络突破了行政主导和市场主导的单维思维模式，强调政府、市场、社会组织、专家、利益集团、媒体等多元主体的重要性，重视各主体之间的优势互补和互动关系。他进一步指出，可以通过建构多元政策网络主体参与的官员政绩考核机制、区域协同发展的观念创新、充分利用政策网络的协调机制来发挥政策网络的作用。

3.3 京津冀发展中邻避风险的潜在领域

从京津冀协同发展的进程来看，目前其发展的动能来自中央与地方政府的强力推动，是一种自上而下的运作方式。政府在这一过程中起到关键推动作用。在这种背景下容易造成对地区利益协调的忽视，造成区域利益分配的不公。另外，政府在强政策的指令下，其采用的手段措施可能以“强硬”“雷厉风行”为特点，在顾及民众情绪以及民众利益方面有所疏忽，可能会导致较强的邻避情绪。

3.3.1 交通一体化

交通一体化之中，其邻避风险主要存在于修建道路或交通枢纽时涉及拆迁的居民以及修建后邻近居民。

北京新机场是建设在北京市大兴区礼贤镇、榆垡镇与河北廊坊市广阳区之间的超大型国际航空综合交通枢纽，与天安门的直线距离 46 公里，距首都机场 67 公里，距天津滨海机场 85 公里，距廊坊市中心 26 公里，距保定市中心 86 公里。新机场将于 2019 年启用，总投资约 800 亿元，将建设 4 条跑道，150 个机位的客机坪、24 个机位的货机坪、14 个机位的维修机坪；建设 70 完平方米的航站楼，主楼、指廊分别满足 7200 万和 4500 万人次使用需求。

新机场位于北京南面，跨河北和北京两个行政区域，涉及两个区域的土地使用，需要协调两个区域的居民。在强行政主导的建设之下，若双方在利益协商方面若出现分歧，导致了经济补偿方面的不均衡，可能会引起居民的邻避情绪。另外，机场投入建设之后，如果在噪音、光污染方面对居民造成了一定的影响，可能也会引起邻避情绪。

京津冀一体化战略下，高速公路与高速铁路的修建是一项重大并且规模浩大的工程。到 2020 年，要实现三地核心区域通车一小时，打通断头路，连接机场与各交通枢纽以及核心城市。这项工程涉及的县市多、面积广，因此在修建过程之中，有利益相关的民众和企业等社会个体或群体其数量也较为庞大。例如，在拆迁过程中经济补偿的不公平，或者在道路修建好以后邻近的居民受到道路的影响，如光污染、噪声污染，也容易导致邻避情绪。

3.3.2 产业转移

一方面，北京原有的重工业和制造业随着其产业升级逐渐迁离北京，迁至河北曹妃甸、廊坊、保定等河北各县市。其中不乏具有污染的石油化工、钢材产业，当这些产业落户河北时，其可能引起的污染也许会导致公众的邻避情绪。河北的生态环境质量近年来令人堪忧，不管是在资源还是环境方面，其状况都较差，空气污染、水污染一直困扰该省。长期以来，河北省承担着为北京和天津供应生产和生活用水的任务，尤其是张家口和承德两市是京津地区主要的水源地和生态屏障。20 世纪 80 年代以来，官厅、密云两大水库分配给河北省的 9 亿立方米的用水指标无偿让给了北京，河北省潘家口、大黑汀水库 10 亿立方米水量指标无偿划给了天津。然而，在保障京津两地水源供应和水环境安全的同时，河北省部分地区却面临着水资源供需紧张、水土流失、土地沙化和水源污染等一系列生态与环境问题。

因此，在这样的资源分配不公，污染后果承担不公平的情况下，具有高污染的化工企业以及在产业的过程之中，配套的邻避设施如垃圾场、发电厂、火葬场可能会使民众产生较高的邻避情绪，常年的情绪积压可能导致集中的爆发。

另一方面，京津冀协同发展之中的一大重点——疏解非首都功能可能会引起一定的邻避风险。“非首都功能指那些与首都功能发展不相符的城市功能。”疏解非首都功能的对象为一般性制造业、区域性物流基地和区域性批发市场、部分教育医疗机构、部分行政事业性服务机构从业人员。疏解功能的重点任务是拆除违法建设、占道经营、无证无照经营和“开墙打洞”整治加大占道经营违法行为执法检查力度，举报查处率达到 100%，实现重点点位 100% 销账；严格落实“门前三包”责任制、城乡接合部整治改造、中心城区老旧小区综合整治、中心城区重点区域整治提升、疏解一般制造业和“散乱污”企业治理、疏解区域性专业市场、疏解部分公共服务功能、地下

空间和群租房整治 、棚户区改造、直管公房及“商改住”清理整治。在强力行政主导的政策执行之下，由于手段不得当，可能会出现“恐吓”“断水断电”等强硬的措施，这样可能会引起比较强的邻避情绪。另外，在低端产业疏解向的地区，由于该区域承接产业外迁，得到了一定的经济发展，然而这些红利并没有惠及民众，但是民众却要承受因此带来的物价、房价的上涨，因此产生相对的剥夺感，从而引起邻避情绪。

3.3.3　环境协同发展

环境协同方面可能产生的邻避风险相较于上述“交通一体化”和“产业转移”较小，但是可能在新能源设施等方面产生一定的邻避风险。例如，乌兰察布市大力发展的火电、风电、太阳能发电三项发电措施，可能由于知识信息的缺乏，民众对于新能源尚且有一些误解，这样在项目运行的过程之中，可能引起民众的担忧和不满，因此存在邻避风险。Burningham 在对英国风能发电站的邻避问题研究时发现，风能发电站可能产生的噪声对周围的居民造成一定的影响，风能发电站的视觉闯入即改变了居民以往熟悉的风景也是的居民对风能发电站产生反感，另外，风能发电站对于鸟类也具有极大的破坏力，发电机的叶片会对鸟类的飞行造成威胁，导致鸟类受伤。此外，风能发电站的效果也收到周围居民的怀疑，他们认为这样一个不熟悉的东西不仅仅可能对他们的健康带来影响，并且产生的好处完全不能抵消它的坏处。

另外，垃圾焚烧发电厂也是一个具有高邻避风险的项目设施，北京六里屯发电厂就曾引起过邻避冲突，并最终以迁址的方式解决。垃圾焚烧发电厂本是一个致力于减少垃圾污染、物尽其用的具有一定环保功用的设施但是引起可能产生的污染以及民众的信息不充分使得民众产生了较为严重的邻避情绪。另外，在公众都得到了环境改善的同时，邻避设施附近的居民的利益受到损害，这也可能爆发邻避冲突。

3.3.4　与新城发展相关的公共设施

京津冀协同发展涉及新兴城区和相关市政设施的建设，其中规模较大的城区建设包括北京城市副中心、雄安新区建设和张家口的城市升级建设。北京城市副中心——通州“现代化国际新城”的建设是为调整北京空间格局、治理大城市病、拓展发展新空间的需要，也是推动京津冀协同发展、探索人口经济密集地区优化开发模式的需要而提出的。设立雄安新区，其目的集中在疏解北京非首都功能，探索人口经济密集地区优化开发新模式，调整优化京津冀城市布局和空间结构，培育创新驱动发展新引擎。另外，张家口市作为2020年北京冬奥会的主办城市之一，需要在筹备期间进行大量设施建设。以上三个区域在建设过程之中，很可能存在相当的邻避风险。

首先，作为城市副中心的通州以及作为未来新城的雄安在基础设施建设方面需要浩大的工程量。发电站、垃圾处理厂、火葬场甚至道路的建设都有可能引起周围民众的不满，加之在强政策的影响下，民众的意愿可能会受到忽视，情绪积压隐藏的邻避风险很有可能爆发。

另外，承接部分转移的产业会带来一些非意愿性的土地转移，这些项目在选址过程之中，可能会遭到反对。产业转移接收地享受到了该产业带来的经济发展，但是邻避项目附近的居民却没有同样得到经济补偿以及相应的利益回馈的话，可能会产生不满情绪，从而使得民众将情绪转嫁到邻避项目上，产生邻避冲突。从价值立场上，北京市将部分低端产业转移入新城，这可能会使当地居民感受到不公和歧视，从而产生对于新产业、新项目建设的反对情绪。

河北张家口由于承办北京2020年冬奥会，大量的基础项目需要建设，在建设过程中，征用土地和安置人员可能会产生一定的困难，受到损失的居民可能会感到不满。例如，在修建公路以及机场的过程之中，涉及的土地征用问题可能会存在一定的风险，如果赔付使得民众不满意，或者是公路或机场建设好以后在使用过程之中对民众生活带来了不便的话，也可能会产生邻避问题。修建奥运场馆时，涉及的土地征用问题也同样存在着上述邻避风险。

3.4　京津冀地区邻避风险的诱因分析

3.4.1　空间布局调整和利益重组

一般来说，政府推动的地区经济转型的过程，既是该地区的利益结构重组加速的过程，又是一个社会利益结构不断分化、多元化的过程。这种利益差别、利益异质性唤醒了人们的利益意识，利益意识又强化了人们对利益的渴望和追求，促使人们关注自己的利益，拓展自己的利益，表达自身利益和诉求。

当前社会的发展与进步，就在于政府行政部门能否及时回应、吸纳、聚合社会各种利益要求，并通过法律秩序的构建，实现多元利益关系的平衡，维持自身与社会之间的良性互动；反之，当公共设施或公共利益影响部分人的利益，或者部分人担心自己的利益受到影响，这种经济快速转型和利益重组就成为邻避型群体性事件发生的根源所在。

3.4.1.1　利益结构深度重组

从经济学的角度来看，邻避型设施在一个区域内的布局与选址具有明显向不发达地区迁移的趋势，这必然导致利益差别扩大，利益矛盾日益显现。当前，在城镇化率方面，京津冀三地城镇化率分别为 86.4%、82.3% 和 49.3%(2014 年)。2015 年北京人均 GDP 达到了 106751 元，天津人均 GDP 达到了 109032 元，而河北人均 GDP 为 40367 元，不足京津的 1/2，三地之间存在巨大的鸿沟。可以说北京已进入后工业化阶段，天津处于工业化阶段后期，而河北尚处于工业化阶段中期。从人口分布上看，2014 年京津冀地区常住人口 1.11 亿人，占全国的 8.1%。其中，北京、天津人口高度聚集，人口密度分别为 1311.1 人 / 公里 ^{2} 和 1289.8 人 / 公里 ^{2}，均为河北省（393.4 人 / 公里 ^{2}）的 3 倍以上。

一般来说，当一个地区的城市化和市场化发展到一定程度时，会对资源最优配置和环境功能整合提出更高要求，而原有的行政界限会妨碍这一要求的实现，为了解决这一问题，需要突破原有行政界限构筑新型的互补都市圈。以廊坊为代表的环北京地区经济圈的构建，会随着产业结构调整和人口迁移出现一个高峰期，而与之相配套的各种类型邻避型设施的迁移与选址将陆续展开，如垃圾场、飞机场、监狱、火葬场，殡仪馆等。在此过程中，公众利益与部分民众利益，不同民众之间的利益因此会进行博弈，在无法达成共识的情况下，将爆发邻避型群体性事件。因此，在京津冀协同发展的框架下势必会发生利益结构的深度重组，各种矛盾凸显，加剧民众的利益获得与丧失，部分群体滋生强烈的利益剥夺感，在一定的条件下将演化为邻避型群体性事件。

3.4.1.2 利益分配不均衡

党的十八届三中全会审议通过了《中共中央关于全面深化改革若干重大问题的决定》，指出“经济体制改革是全面深化改革的重点，核心是处理好政府和市场的关系，使市场在资源配置中发挥决定性作用和更好发挥政府作用”。但从京津冀协同发展的进程来看，目前其发展的动能来自中央与地方政府的强力推动，是一种自上而下的运作方式。政府在这一过程中起到关键推动作用。在这种背景下容易造成对地区利益协调的忽视，造成区域利益分配的不公。

例如，在北京将低端制造业外迁的过程中，廊坊的地价迎来前所未有的机遇。2010 年，永清县一亩地的价格仅为十几万元，而 2015 年一亩地的价格已经涨至四五十万元，乃至更高。大多数当地民众没有意识也没有能力在此过程中获得政策 (发展) 红利，却要接受发展中物价、房价上涨、资产难保值、自然环境污染等不利因素。社会中不同利益群体之间补偿与收益差异过分悬殊，利益分配不公，公民的被剥夺感和不公平感增强，进而引发了针对自身利益的突发事件。

3.4.2 京津冀三地发展不平衡

京津冀三地经济发展很不平衡是邻避风险滋生的社会条件。从图 3-1 可以看出，“十二五”以来，京津冀三地的人均 GDP 不断增长，但是河北与北京、天津两地的差距仍然很大，人均 GDP 只有京津两地的三分之一左右。从表 3-3 可以看出，北京城镇人口的人均可支配收入是河北城镇人口的两倍左右。受到经济发展水平的限制，河北的社会建设和公共服务的保障水平也相对较低。京津冀协同发展可能会使这种差异更加凸显。一旦遇到邻避设施等社会问题的激发，极易产生社会矛盾。

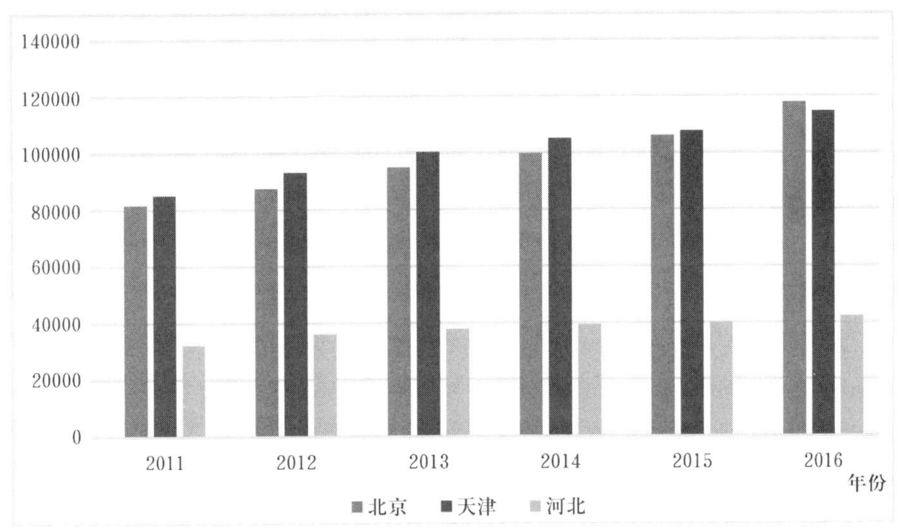

图 3-1　“十二五”以来京津冀三地人均 GDP（单位：元）

资料来源：根据历年《中国统计年鉴》整理计算。

表 3-3　京津冀三地城乡人口人均可支配收入对比　　　　单位：元

地区		2011	2012	2013①	2014	2015	2016
北京	城镇	32903	36469	40321	43910	48458	57275
	农村	14736	16476	18337	20226	52859	22310
天津	城镇	26921	27626	32658	31506	34101	34074③
	农村	—②	13571	15405	17014	18482	
河北	城镇	18292.2	20543	22580	24141	26152	28249
	农村	7119.7	8081	9012	10186	11051	11919

① 北京市和河北省 2013 年之间发布的农村数据为“农村人均纯收入”，2014 年之后发布的数据为“农村人均可支配收入”；

② 当年公报中未发布相关数据；

③ 当年公报中为分别发布城镇和农村人均可支配收入，只发布了全市人均可支配收入。

资料来源：京津冀三地历年《国民经济和社会发展统计公报》。

3.4.3　行政主导和快速推进

利益重组的过程是一个利益关系再调整的过程。政府行政职能与功能，设计、制定和执行有效的制度，协调和平衡社会各种利益关系，实现公共利益的有效供给，是实现利益调节的重要环节；反之，政府行政失范、制度设计与执行缺失，是激化矛盾的关键点。当公众的利益表达诉求得不到满足，或利益表达渠道受阻，或表达过程中受到行政力量的推诿，进而对政府的信任降低时，公众就会采取非程序、非制度的方式解决自身利益问题，从而引发邻避型群体性事件。

3.4.3.1　相关应对机制不完善

邻避设施建设中主要矛盾是社会整体利益与设施影响范围内居民局部利益的冲突。例如，我国台湾省在20世纪社会发展迅猛时期也出现了大量的“邻避事件”，其中一个著名的口号是“鸡屎拉在我家后院，鸡蛋却下在别人家里”，集中反映了这一矛盾。

同样在京津冀协同发展背景下，邻避设施建设中的矛盾也是客观存在的。由此产生的邻避冲突基本上都属于利益诉求。当前，地方政府执政方式、社会管理方式长期受传统方式的影响，对邻避型群体性事件的发生预判不足，缺乏对化解群体性事件的协商机制以及利益诉求机制的研究。特别需要指出的是，邻避设施建设的决策方面还因循旧有的决策思维，项目立项中对技术安全、经济效益和环境安全评估等环节把控较严，而对设施周围的民众意见重视不足。治理利益多元的社会工作是对地方政府的挑战，本质上就是协调社会各方面的利益关系。作为社会整体利益的代表，如果地方政府不能充分关注周围民众的利益就容易好心办坏事，欲速而不达。

在邻避型设施影响的区域内，民众易于形成“利益共同体”，以群体形式进行利益表达。在没有合适的利益表达和协调机制保障下，这种群体可能会以一种无序、激烈、非理性的对抗性方式向政府部门或项目单位施加压力，以维护自己的利益。

3.4.3.2　行政干预不适当

邻避冲突中的矛盾是人民内部矛盾，地方政府的行政行为是干预此类事件的一个重要手段。但是，政府如果对于邻避冲突预估不够，认识不到位，处置不当，就会激化矛盾。当前地方政府在处置类似事件上主要存在两方面的不足：一是受政绩考核的影响，部分官员片面追求政策条款落实，完成计划，而忽视了相关方面的利益诉求。在邻避设施建设项目中有时会刻意回避民众的诉求，初期表现出封锁消息、推卸责任、利益导向的特点。邻避冲突出现后又“束手无策”，动用“恐吓”“打压”甚至警察、武警等国家暴力机器的手段强行镇压。例如，以环境诉求为目的的邻避冲突事件发生时，很多地方政府仍然使用“一小撮人”“别有用心”“不明真相的群众”等字眼来描述该类事件。这种描述在并不客观之余，也引发了社会更大的反感——这些字眼将事件参与者定位为错误的一方或者不理性的一方，同时也为地方政府滥用警力提供了借口。从推动整个事件朝良性方向发展的目的来看，这些观点并不理智，也不理想，更不可靠。

二是行政机关在不了解情况或者没有获得准确的信息时，错误地做出的行政行为。例如，在面对邻避冲突时，一味采取妥协态度，使得类似事件呈现出一“闹”就灵、“闹”久就停的逻辑，民众从而认为，“大闹大解决，小闹小解决，不闹不解决”。正是地方政府这些“捂盖子”“压盖子”的不当行政行为一而再地透支政府信用，使得地方政府有陷入“塔西佗陷阱”的危险，也增大了邻避型群体性事件爆发的概率。

对于行政部门来说，任何一种秩序的构建是公民之间、社会利益群体之间相互作用的产物，而秩序本身就是社会利益关系协调平衡的结果。对于各种非理性、非法制化的利益表达和利益诉求以及制度设计与执行的缺失，只有建立真正的法制意识、法制程序、法制秩序，才能树立权威，有效地聚合民意，整合社会利益，输出有效政策，进而调节社会矛盾，达到冲突的化解。

3.4.4　群体利益多元化

利益深度重组与政府部门的行为失范加剧了利益分化和多元化趋势。利益群体中公民权利意识与公民整体认识能力增强，更容易激发人们利益诉求愿望，提高利益群体的主动参与意识，容易形成利益组织，进而增加社会各个群体利益表达的能量，拓展利益实现的空间。由此出现了利益群体中以获取利益的最大化为目标，公民真正维权与恶意滋事并存的局面，影响邻避型群体性事件的发生与发展。

3.4.4.1 权利意识的加强

公众参与是公民社会形成的重要标志，也是现代国家治理中非常重要的一种方式。随着经济建设、改革开放的持续推进，特别是在党的十八大后，我国率先提出关于国家治理体系的概念，实施了一系列深得民心的政策，增强了公众对社会发展的信心，进而促进了公众参与社会各种公众活动的热情。当前，我国公民的自觉意识增强了，权利与责任意识强化了，公众开始关注并参与政治，特别是更愿意参加到与切身利益密切相关的公共事务中，已经初步具备了政治参与的基本特质。对于邻避设施的方案论证、建设和运营乃至对其的抗议等活动，公众因为事关切身利益愿意去参与，不仅仅有参与的动力，也有参与的能力。但是由于长期以来政府职能对社会生活的全覆盖，在一定程度上也导致公众产生了事事找政府的思维惯性，公民社会还很不成熟。因此在这两方面的影响下，有很多人在面临邻避设施影响到切身利益时会积极地参与到相关的活动中，但又不能采用理性平和的方式表达自己的意愿，在群体的激荡下促成群体性事件的发生。

3.4.4.2 科学认识的不足

邻避设施具有不确定的潜在危害性，对于其中的风险，政府和民众存在不同的认知。对于政府决策和规划部门来说，邻避设施的风险主要是政策、经济和环境等方面，侧重于技术角度。而对于公众来说，他们更加关注邻避设施对自身健康或利益的潜在影响，如邻避设施引发的灾难性事故的可能性、焦虑情绪、房屋价值的损失等。因此公众对于邻避设施的风险多属于主观感受，是一种感知风险，无法进行实际量度。在信息不对称的情况下，这种感知风险易于在公众中迅速放大，引起恐慌。例如，在 2016 年 8 月 6 日江苏省连云港市爆发的“反核废料”群体性事件中，公众对中法合作的核循环项目可能带来的危害的主观恐惧，持续传播、不断扩大，进而激发了群体性事件。可以看出，这种感知风险容易被政策制定者和专家们忽略，而它恰恰就是孕育突发事件的关键因素之一。

3.4.5　传播手段更新等外部因素

当前群体性事件的发生表现出外部因素介入的趋势。一方面，利益群体利用新媒体介入，以求扩大事态影响；另一方面，非政府组织或敌对势力的介入成为事件背后的推手。他们通过信息引导、资金支持、法律援助等方式影响事件的发展，增强诉求群体的组织性和专业化，进而使得邻避型群体性事件更加复杂，导致处置难度进一步增加。

3.4.5.1　网络媒体的催化

随着信息技术的不断进步，现在的网络媒体呈现出便捷性、去中心化和亲历性特征。首先，信息的获取变得极其容易。一则消息从信息源处发出，能够在短时间内形成“信息波浪”，并迅速发起网络舆论。关于邻避设施相关的信息会无障碍地传递给每一名民众。因此信息传播的便捷性为群体性事件人群提供了“神经系统”，提升群体行为的效率和隐蔽性。其次，在以微博、微信等为代表的自媒体平台上，每个人都可以随时随地制造信息、传播信息，而且缺乏相应的监管，很难保证其真实性，使得网络谣言盛行。网络谣言为邻避冲突中制造和放大恐慌情绪提供了“倍速器”。最后，网络媒体能够通过短视频、图片等形式直观传播信息，为信息提供不言自证的真实性和可靠性，特别是在传播者有意进行误导时，这种亲历性可在事件发展中起到“共鸣器”的作用。地方政府虽然在一定程度上重视网络媒体的作用，但大多停留在策略层面，还没有达到技术层面，造成信息管理上的滞后。

3.4.5.2　敌对势力或非政府组织的介入

随着全面深化改革开放的持续推进，我国经济迅速发展壮大，国际影响也日益扩大。当前国内外形形色色的敌对势力的渗透煽动活动已充斥到社会的各个角落，为达到目的可以说是无所不用其极。一般来说，邻避型群体性事件的参与者没有政治上的诉求，仅仅是出于维护切身利益的需要而采取了过激的行动，但这不妨碍成为敌对势力利用的武器。例如，2014 年 5 月 10 日，杭州市余杭区中泰乡及附近地区人员因反对中泰垃圾焚烧厂项目选址，发生规模性聚集，少数人蛊惑群众堵截高速公路焚烧车辆，并围攻警察和过往无辜路人，造成了恶劣的政治影响。因此在京津冀这种核心区域发展的关键时期，利用邻避冲突蓄意激化矛盾、转变性质、扩大事态、加剧危害，进而对我国社会政治稳定构成严重威胁，就成为敌对势力攻击我国政府的有力工具。而一些非政府组织，通过暗中串联、幕后策划等方式推动利益群体互动，左右事件的发生、发展、高潮。但是由于其自身法律地位的模糊以及从事的邻避冲突事件触动法律，处置部门又采取“掐尖打头”的对策，因此这些非政府组织往往不愿意直接面对有关部门，使事态发展呈现出混乱的局面，给进行有效处置带来一定的困难。

邻避型群体性事件是社会经济发展中的问题，只有在进一步增强社会治理能力的发展中才能有效解决。当前京津冀社会发展正处于新旧驱动力“换挡期”，疏解非首都功能是京津冀协同发展的关键和重中之重。京津冀区域各城市要抓住前所未有的历史发展机遇，充分发挥地域优势，积极参与到协同发展之中，承接相关的产业和人口，实现社会经济的快速发展。与此同时，也要深入分析发展中可能出现的问题，特别是要对邻避型群体性事件的发生高度警觉，为京津冀协同发展这一国家发展战略的顺利实施保驾护航。

第4章 近年来我国邻避事件的总体特点及发展趋势

4.1 中国式邻避事件的兴起

国务院发展研究中心对2003—2016年的96起典型邻避事件的研究表明：从时间来看，2014年左右是峰值，目前仍处于高发期；从地区分布来看，多发生在经济发达的东部省份，且呈现出从东部向中西部地区以及由城市向农村转移的趋势；从领域来看，发生频次最多的分别是垃圾焚烧厂、变电站、PX化工项目；从事件处置过程和结果来看，多以妥协（项目叫停）收场（李佐军、陈健鹏、杜倩倩，2016）。

所谓邻避设施，一般指的是有污染威胁的设施，会产生负外部效应，环境污染或者健康危害，除此之外还有一些经济损害。目前中国城市正在经历着单位制弱化以及因其而掀起的社区建设运动。城市居民开始以小区业主的身份自居，越来越关心自己居住的社区及其品质，社区周围的环境问题成为引发邻避冲突的主要矛盾点。在邻避情结的影响下，居民会强烈反对在他们居住地附近建造有环境污染危害风险的设施（何艳玲，2006）。

过去的几十年里，邻避冲突在许多西方国家频繁发生。近年来，我国的邻避冲突也日渐增多，如厦门PX项目、上海磁悬浮项目、北京六里屯垃圾焚烧厂、广州番禺垃圾焚烧厂等项目。这些项目之中，民众以不同形式不同剧烈程度的抗议活动来表达其邻避情绪，由于其规模和社会影响力，逐渐得到了政府的重视。邻避事件的广度和频次反映出公众参与决策的合法渠道还没有在中国形成。这样，越来越多的居民通过非法渠道来寻求得到关注，包括向地方政府提出抱怨、吸引媒体、无组织的抗议行动。根据官方的数据，1996 年以来，环境抗争事件上升了 29%，只有不到 1% 的事件是通过合法渠道处理的。这也使维持社会稳定的成本急剧上升，给中央和地方的财政带来压力。

邻避事件是现代社会的产物，是现代社会特有的社会问题。邻避事件产生的前提不仅是有负外部效应的设施，还需要有一群能够组织起来的公众作为运动主体。邻避事件在中国的兴起，正值改革开放后市场化推进以及单位制的瓦解带来剧烈社会变迁的时代。个人自由得到解放，生活水平不断提高，个人开始关心自身权利，能够利用自身所了解到的知识来维护自身权益，这是时代进步的产物，但这一社会问题也必须得到高度重视与妥善处理。

4.2 我国邻避事件的典型案例

4.2.1 厦门 PX 项目

4.2.1.1 事件介绍

厦门 PX 项目是 2006 年厦门市引进的一项总投资额为 108 亿元的对二甲苯化工项目，号称厦门“有史以来最大工业项目”，该项目是一条年产 80 万吨二甲苯的生产线，选址于厦门市海沧台商投资区，预计投产后每年的工业产值可达 800 亿元。

2004 年 2 月，厦门 PX 项目获得国务院立项，随后在 2005 年 7 月顺利通过了环评。国家发改委将其纳入“十一五”PX 产业规划七个大型项目中，并于 2006 年 7 月通过了项目申请报告。2006 年 11 月，该项目正式开工。

2007 年 3 月，由全国政协委员、中国科学院院士、厦门大学教授赵玉芬发起，105 名全国政协委员联合签名的“关于厦门海沧 PX 项目迁址建议的提案”在两会期间公布，提案认为 PX 项目离居民区太近，如果发生泄漏或爆炸，厦门百万人口将面临危险。但提案未获通过。

5 月末，部分网民通过邮件、QQ、MSN、小鱼社区等发布反对消息，号召市民通过“散步”的方式表达反对意见。

5 月 30 日上午，厦门市人民政府刘赐贵市长主持召开了第五次常务会议，研究 PX 项目建设，决定暂缓建设海沧 PX 项目。福建省政府要求厦门市在原有 PX 单个项目环评的基础上扩大环评的范围，进行区域规划环评。

6 月 1 日，部分厦门市民在市政府门前进行了集体“散步”。

6 月 7 日，厦门市政府宣布，海沧 PX 项目的建设与否，将根据全区域总体规划环评的结论进行决策。同时，由国家环保总局组织各方专家，就海沧 PX 项目对厦门市进行全区域总体规划环评。

12 月 5 日，公布的环评报告结论为，厦门市海沧南部空间狭小，区域空间布局存在冲突，厦门市在海沧南部的规划应该在“石化工业区”和“城市次中心”之间确定一个首要的发展方向。

12 月 8 日，厦门政府开启了“环评报告网络公众参与活动”的投票平台，9 日，投票突然被中止，10 日投票平台被撤消。在投票结束之时的结果显示，有 5.5 万票反对，3000 票支持。

12 月 13 日，PX 项目方通过媒体发布了《翔鹭腾龙集团致厦门市民公开信》，阐述 PX（二甲苯）的低毒性以及项目的技术安全性。当天，厦门政府召开了市民座谈会，邀请了市民代表参加，并允许多家中央级、厦门本地的媒体入内旁听。座谈会持续了大约 4 个小时，在 49 名与会市民代表中，超过 40 位表示坚决反对项目上马，随后发言的 8 位政协委员和人大代表中，仅一人支持复建项目。12 月 14 日举行的第二场市民座谈会也呈现了反对者意见远远多过支持意见的结果。12 月 16 日，福建省政府和厦门市政府决定顺从民意，将该项目迁往漳州市漳浦县的古雷半岛。2009 年 1 月，项目迁址至漳州的环评审批通过，厦门 PX 项目风波暂停并最终迁址，事情暂告一段落。

4.2.1.2　反思

许多学者对厦门 PX 项目事件的发端、过程和解决都进行过研究，其中不乏一些有启发性的观点。陈静亚以厦门群众颇具创意的公众参与形式“散步”为切入点，分析了临时性的组织化模式的影响力和局限性，并且提出要提高公众参与的组织化水平，需要发挥大量专业环保组织的力量（陈静亚，2011）。研究者发现非政府组织在当前公共危机中是缺位的，应该通过构建非政府组织与政府组织、与企业的良性互动关系，发挥非政府组织在应对公共危机中的应有功能（范履冰、俞祖成，2008）。另一些学者运用扎根理论的研究方法，指出厦门 PX 事件本质上是政府决策合法性危机，过程经历了政府与民众从非合作博弈到合作博弈的演化（沙勇忠、曾小芳，2013）。大多文献都将厦门群众“散步”事件当作一个环境邻避事件得以解决的案例，从中分析可借鉴性和经验教训。

林本（2010）认为大部分研究者在探讨扩大公民有序环境抗争参与的根本途径和有效途径时，往往只注重对宏观层面的建构和完善（如提高政治制度化程度、完善法律体系和监督机制、发展民主政治等），而忽略了对公民个体条件的改善。因此其依据厦门大学社会学系 2006 年进行的“厦门市居民职业状况调查”的数据，从厦门市城市居民的人居环境满意度以及基于满意度而采取的相应环境抗争这一角度入手进行分析，试图解释是哪些因素决定了公民个人在人居环境受损时采取何种环境抗争手段。最终结论是：信息获取方式和公民意识对有序环境抗争参与因子具有较高统计显著性的结果。环境意识和生活压力与有序环境抗争参与没有显著性关系。信息获取方式、生活压力、公民意识或是环境意识都对公民无序有环境抗争参与无显著影响。他进一步指出，要扩大公民对环境抗争的有序参与，需从两方面着手：一方面，大力发展教育，不断提高公民自身的教育与政治社会化水平，让公民掌握更多有序政治参与的相关知识和技能，注重培养现代公民意识，从微观层面着手引导公民有序参与环境抗争；另一方面，在出现公民环境抗争参与无序、失序的情况下，我们应该多从宏观层面考虑问题，如发展民主政治、完善政治参与制度、完善相关法律法规和大力发展经济等，从根本上解决问题。

4.2.2 昆明 PX 项目

4.2.2.1 事件介绍

昆明 PX 项目是云南石化炼油项目基地的一个子项目，2012 年年底，互联网上就传出中石油 PX 项目落地昆明的消息。

2013 年 2 月 6 日，《昆明日报》刊发《国家发改委正式批复中石油云南项目 安宁将成西南石油中枢》的文章，称炼化基地项目已在 2013 年 1 月获发改委正式批复，即将于距离昆明主城区约 45 公里的安宁市草铺工业园区开工投建。

3 月 29 日，昆明官方召开新闻发布会对公众的疑虑做了部分回应。发布会上，昆明市政府副秘书长李河流解释了项目落地云南的原因和项目的安全可靠性。参加新闻发布会的有关人士没有接受记者提问。

5 月 4 日下午，三千多昆明市民齐聚市中心南屏广场，戴着口罩，举着“还我美丽春城，PX 滚出昆明”“春城拒绝污染项目”等标语到市中心的南屏街广场和平抗议。在群体聚集之前就有网友在微博、论坛等网络平台上呼吁昆明市民于“五四”青年节当天进行游走抗议活动，引发舆论哗然，微博关注度较高。当日，昆明市各机关、事业企业单位、中学、高等院校接到中共昆明市委的通知，各高校老师学生职工等不要散布关于 PX 石化项目的言论。

5 月 10 日，昆明市政府、中石油、云天化三方召开新闻发布会。

市长李文荣在会上表示，政府曾多次组织专家论证，坚持一票否决制。项目当前还未验收，验收过程将让公众参与进来，坚持走民主决策的程序。他明确表态：大多数群众说上，市人民政府就决定上；大多数群众说不上，市人民政府就决定不上。

中石油云南石化公司表示，安宁炼化项目属于燃料型炼厂，生产国五标准的汽油、柴油、航空煤油。项目不含 PX 装置也不生产 PX 产品。年产 1000 万吨石油的炼油项目论证过程历时 8 年，完成了环境影响评价、水资源论证、地震及地质灾害评估 53 个重大专项的研究和论证。最终项目的环评于 2012 年 7 月获环保部批复，可行性研究于 2013 年 1 月获发改委通过。云天化集团副总经理则称，公众关心的副产品配套项目前期工作仍在规划中，并未建设。

发布会上也有专家的声音。气象部门专家、昆明理工大学教授、中石油工艺专家分别从地形、气象、用水等角度分析了炼化基地的安全性，回应了市民的担忧。对于民众提出的公开环评报告的要求，项目方并未做出正面的回应。

5 月 13 日，市政府召开恳谈会，邀请了 40 名市民、网民和专家互动，听取不同意见。昆明市市长李文荣表示："今后政府在重大项目建设过程中，一定会加大信息披露的力度，一定会科学决策、依法决策特别是民主决策，充分保障人民群众的知情权、参与权、表达权和监督权。"

5 月 16 日，群众于市中心老省政府的五华山聚集，再次游行。游行人群的反对目标从 PX 项目扩大到了整个炼油项目。最后昆明市市长在西昌路上与游行队伍对话，并承诺于次日中午 12 时前开通新浪微博，与网友对话。

5 月 17 日，市长李文荣立即开通新浪微博，并在自己首条微博中表示："希望能在此搭建一座与大家坦诚沟通的桥梁。"此微博一出，不到一天就受到 8 万粉丝关注。

5 月 20 日，昆明市各机关学校事业企业单位接到了当地政府的党政文件通知，不允许所属人员参加聚会、游行活动，不允许在微博、微信上转发建设项目的不利信息；以及要在"天涯社区"等网站发布正面评论等，并让广大职工签署承诺书。

5 月 22 日下午 3 点，市政府再次邀请 23 名市民代表举行第二场恳谈会。

5 月 25 日后，昆明博物馆邀请市民参加石化科普展。

6 月 25 日，昆明市政府公布安宁炼油项目环评报告，但因为未给出大家都关心的 PX 项目环评，再次引起公众质疑。部分网友根据报告首页上"中石油云南石化有限公司"字样认为，这份报告是云南石化自己给自己做的环评报告。对此，市政府办公厅工作人员表示，并不清楚是哪家环评机构做的报告，公众可到安宁现场向专家查询、了解。

事件中环保组织也有所行动。环保组织公众与环境研究中心向昆明市环保局申请公开"中国石油云南石化炼油工程项目环境影响评价全本"和"中国石油云南石化炼油工程配套项目 PX 装置环境评价报告全本"。6 月 25 日下午，昆明市环保局做出回复。回复只给出了炼油项目环评报告的主要内容链接，针对 PX 项目，昆明市环保局称："经查，我局至今未收到上述项目环境影响评价文件及相关文件，你中心申请的信息不存在。"

针对这一结果，公众与环境研究中心主任马军（微博）对晨报记者表示，PX 项目是炼油项目的衍生产品，但是从昆明市环保局的回复来看，这一衍生产品也许还没有提到议事日程，因此 PX 项目的环评报告也就不存在了。

最终，项目在风头过去后又悄然开工。据媒体报道，2015 年 3 月该项目已将年炼油规模上调至 1300 万吨，至今已基本建成。

4.2.2.2　反思

目前，关于昆明 PX 项目的研究多集中在网络舆情方面，这些研究着眼于网络媒体（尤其是新媒体）在这起群众性环保事件中起到的动员作用，对事件的网络舆情发展演变进行了分析。李春雷和凌国卿（2015）基于对该事件的调查，发现微社群利用微传播构建了具有现实参与属性的关系网络，并作为微社群合意传播的基本条件。赵玲等结合社会助燃理论和系统动力学的知识，分析了微博对群体性事件的助燃机制（赵玲等，2013）。朱德米和虞铭明（2015）等从社会心理演化博弈机制和昆明 PX 事件的实证数据入手分析，由于城市的地方政府拥有优先行动的决策权，如果其采取强硬的博弈策略容易激发城市群体成员的愤怒情绪，并且由于愤怒情绪更容易感染他人和造成扩散，最后发生群体成员采取斗争策略的突发群体性事件。事件发生后，城市的地方政府官员往往为了短期内维稳采取了压力维稳模式，比如全面的刚性打压，虽然在短期内能在城市人群中形成恐惧情绪而使成员纷纷选择博弈的妥协策略，从而压制冲突，确保“稳定”，但是这种稳定只是暂时的、静态的、表面的，最终导致社会矛盾冲突的反弹，形成维稳的恶性循环（清华大学社会系社会发展研究课题组，2010）。谢岳等指出，随着城市“维稳”压力的增大，国家近些年来已在城市公共安全支出上增大了投入和进行了改革，但是这种传统的防控模式并没有促使政法机关在处理纠纷和维护秩序上扮演积极的角色，改革并没有收到预期的效果（谢岳、党东升，2013）。

从公共治理的角度，朱德米和虞铭明（2015）认为，在可能影响环境的项目决策出台前，通过社会稳定风险评估，可以提前和涉及的群众及时沟通，化解存在的矛盾，减少群众的愤怒情绪和情绪扩散，预防此类事件的发生。公共治理也可以在事件发生后发挥作用。发生后，要及时通过解释和公开表态降低愤怒情绪的感染和扩散，要及时放开媒体对之的透明宣传，因为对媒体的禁制是没有效果的 (由于情绪感染机制，媒体量会随着微博量的增加而增加)。另外，事件发生后应通过协商、谈判、洽谈等互动的、民主的方式，形成合作共治网络，规范矛盾冲突过程中的各方行为，化解群体成员的不良情绪以及不良情绪的扩散，转变压力维稳体制，预防事件的扩大化发展及再次事件的发生，最终实现城市社会稳定。

4.2.3 北京六里屯项目

4.2.3.1 事件介绍

北京六里屯垃圾填埋场位于海淀区永丰乡屯佃村，南距海淀镇 12 公里，西距京密引水渠 1114 米，是北京市继阿苏卫、安定、北神树之后新建的第四座垃圾卫生填埋场，于 2000 年正式启用。它的建设是中关村科技园的重要硬件之一，承担着海淀区 90% 以上的垃圾处理任务。但是垃圾填埋场和周围的居民却忍受着其恶臭，遭受着垃圾填埋场来带来的经济损失和环境安全威胁。海淀政府计划依托六里屯填埋场新建一座投资超过 8 亿元的垃圾焚烧发电厂，计划 2007 年 3 月动工，此项目遭到周围居民强烈抵制（郑卫，2013）。

2003 年，北京市政府发布《北京市生活垃圾治理白皮书》，六里屯垃圾焚烧发电项目名列其中。2005 年 9 月，北京市海淀区市政管理委员会向北京市环保局报送垃圾焚烧发电厂环评报告书，计划选址于六里屯垃圾填埋场南侧。2005 年 11 月，环评报告书得到北京市环保局的同意批复。2005 年年底，海淀区政府宣布计划在 2007 年 3 月动工建设垃圾焚烧发电厂。环保局的批复中表示不同意在垃圾填埋场周围建设居民小区，然而随着城市建设不断扩大，附近新建了众多住宅小区。当建设垃圾焚烧发电站的消息传出后，周围住宅小区的居民表示强烈反对，因垃圾焚烧可能产生二噁英污染，反对的声音不断壮大，居民打出“不要恶臭，不要癌症”的标语，小区业主们开始在论坛上讨论此事，发出质疑，引起了媒体和社会的关注。居民通过聘请律师走行政程序、舆论发声等多种途径呼吁政府部门慎重考虑选址问题。海淀区政府则表示兴建垃圾焚烧发电厂有利于解决垃圾量激增和垃圾填埋臭味扰民问题。至此，居民要求北京市环保局提供环评报告，环评报告中的公众调查数据与实际居民态度不相符，居民不认可该环评报告。而后居民们穿着“反对在六里屯建垃圾焚烧厂”字样的文化衫来到国家环保总局要求见局长，海淀区副区长邀请了四位业主代表参加了座谈会，业主以选址不当和公众参与不合法等理由向国家环保局提出行政复议，重新扩大征求公众意见范围。至此，环保总局发布公告称由北京环保局重新审定环评报告，并暂停该项目的前期工作。该项目一直搁置，同时影响了北京市其他垃圾焚烧厂的规划建设进展。直至 2012 年，政府才确定项目另行选址至人烟稀少的苏家坨村建设。

4.2.3.2　反思

补偿机制的不完善与邻避情结。垃圾填埋场在造福全区人民的同时，给周边居民带来了经济和健康损失，应当采取相应的补偿措施来弥补周边居民。而由于六里屯周围外来人员居多，他们多数并没有接受政府任何的补偿，只能各自忍受着垃圾填埋场带来的影响。当政府提出要新建垃圾焚烧厂时，以往受到垃圾填埋场巨大危害的居民产生了强烈的反抗情绪。通过研究发现，如果政府给予居民适当的经济补偿，并通过完善住宅周围基础设施方法弥补居民损失的话，在一定程度上能够缓解居民对于垃圾焚烧厂的抵制情绪。

公众参与渠道不畅通与邻避情结。公众参与渠道的缺失导致居民、政府、专家、开发商之间的信息不对称。公众容易对于工程项目产生恐惧心理，通过舆论的传播，引发公众过度的风险感知，放大邻避情结，如果处理不得当，会产生剧烈的邻避冲突。北京六里屯垃圾焚烧厂在兴建之前，环境评估阶段并未合理地对民众的意见进行采集，加剧了居民的邻避情绪。通过开放公众参与渠道、召开座谈会、公开环评书、媒体宣传项目相关信息等方式，政府与公众之间达到了信息平等的水平。

积极正确的公众参与行为有利于缓解邻避冲突。六里屯周围居民众多，并且有不少高端小区。居民在论坛上展开讨论，出资聘请律师，走行政程序。通过向环保局反映意见、要求其公开环评书、进行行政复议等措施，公众与政府进行了风险沟通，使得其意见得到采纳，更好地解决了公众与政府在邻避事件之中的分歧，避免了直接发生群体性冲突，进而造成不必要的影响。

正确风险评估对于降低邻避风险的重要性。风险评估阶段，对于公众意见采样的偏差，错误地反映了居民的意见，导致正式开始兴建垃圾焚烧厂时，遭到居民的强烈反抗。在风险评估阶段，对于公众的风险感知评估是极其重要的，在评估阶段邀请民众参与其中表达意见，对即将兴建的项目知情，有助于降低民众的风险感知。因此，风险评估的方式需要采取科学的方法，听取利益相关者的意见，才能据此采取补偿措施，推进项目的建成。

信息透明公开有助于缓解居民邻避情绪。环境评估结果、项目建设规划、项目相关补偿政策等信息需要政府将其公开，让公众了解，使其对于项目的建设具有参与感，减少对于未知的恐惧，能够有效缓解居民的邻避情绪。北京六里屯垃圾焚烧厂在项目环境评估选址阶段没有将相关信息对居民公开和通知，是居民处于不知情的状况，在一定程度上加剧了居民的邻避情绪。

公众参与的方式关系到邻避冲突的有效解决（胡象明、王锋，2014）。公众参与过程的设计需要从公众参与的目的、公众参与的主体、公众参与的程度以及公众参与的形式这四个方面考虑，才有助于解决公众参与时的困境。公众参与的目的究竟是从形式上赋予项目合法性还是听取公众对于风险的感知，更科学合理地对风险进行评估，据此采取补偿和缓解措施。公众参与的主体涉及何者是利益相关方以及谁代表利益相关方。在选取主体的过程中，真正大多数人的意见可能由于少数人的集中高呼而受到了忽视。六里屯垃圾焚烧发电厂的环境评估过程中，采集到的公众意见样本大多数同意发电厂的建立，而事实却是更多的居民反对建厂，公众参与主体的偏差导致了公众的邻避情绪被忽视。在公众参与程度方面，六里屯垃圾焚烧发电厂在项目已经既定的情况下，才引入了公众参与，公众过程滞后，并且并无影响力。

4.2.4 广州番禺垃圾焚烧厂

4.2.4.1 事件介绍

为了解决“垃圾围城”的窘境，2009 年广州市政府决定在番禺区大石街会江村与钟村镇谢村交界建立生活垃圾焚烧发电厂，计划于 2010 年投入运营。2009 年 9 月 24 日，广州《新快报》报道了番禺区计划在会江村周边大石街道建设垃圾焚烧发电厂的消息。番禺垃圾焚烧项目进入公众的视野，引起选址周边地区的居民的恐慌和不满，此后业主们发起了声势浩大的抗议活动。

消息被选址地周边各大楼盘论坛转载，多个大型楼盘的业主论坛上出现了“反对建垃圾焚烧发电厂”的帖子，部分业主向民众普及垃圾焚烧产生二噁英等有害物质的科学知识。反对行动在网络上如火如荼地进行。随后地面抗议活动爆发，业主主动集资印发传单，在人流密集处发放。此外，部分业主代表自发组成“垃圾焚烧站考察团”实地考察了广州首个垃圾焚烧发电项目—白云区李坑垃圾焚烧发电厂，该厂曾被评为国家重点环境保护实用技术示范工程和广东省市政优良样板工程的项目。然而，业主们通过走访却发现李坑垃圾焚烧发电厂的污染危害极大，周围的环境触目惊心。

10 月 23 日，抗议行动达到高潮。近千人的抗议队伍出现在了环保局，并且把由网友们共同拟定的《反对兴建垃圾焚烧处理厂的意见书》和搜集好的各大楼盘数千业主的签名递交给了政府官员，获告知 2 个月内会给予答复。此后，业主们先后向华南环科所递交抗议书，要求公式环评过程和结果，向园林局递交抗议书。然而抗议行动被扣上“非法集会”的罪名，受到警察局的治安管理，个别业主被传唤。市区两级政府在新闻发布会上表示“坚定不移地推进垃圾焚烧”，激怒业主。11 月 23 日，业主手持标语齐喊口号，到广州市政府门前“散步”请愿。

由此，政府意识到了事态的严重性，表示将聘请专家对于垃圾焚烧发电厂进行重新评估和选址，采纳民众意见，可能进行投票。广东省环保厅表示其将重新对番禺垃圾焚烧发电厂进行环境评估，通过听证会后再将审批决策向市民公示。2012 年，广州市政府批复《番禺区生活垃圾收运处理系统规划》，明确番禺区生活垃圾焚烧发电厂推荐选址为大岗装备基地。

4.2.4.2 反思

居民邻避情结的产生，主要是出于环境、健康以及经济方面的因素考量。由于担心垃圾焚烧发电厂产生的二噁英和垃圾本身的肮脏对于住宅附近的环境的污染以及居民自身身体的危害，居民对此感到恐惧。此外，由于垃圾焚烧发电厂的建立，这一住宅区被贴上了污名化的标签，整体环境质量下降，小区房价下跌，住宅舒适性降低，相关的生活基础设施建设将会减少，极大地损害居民的经济利益。

信任危机是导致邻避情绪扩大化的重要原因。利益相关方之中，居民对政府、专家、开发商都存在着一定程度上的不信任。政府长期不重视环保工作，强硬推进项目设施建设；专家被理解为为政府背书的工具，通过其专家知识将项目“合法化”；开发商被民众理解为主谋求利益的市场主体，与政府是利益共同体。这样的各方主体之间，尤其是居民与其他三方之间的高度不信任，信息不通畅，导致了居民对于邻避设施的情绪扩大化。

信息公开、听取民意仍旧是促进邻避冲突解决、预防潜在邻避问题的有效途径。政府为民众开放意见听取通道，向民众普及项目相关科学知识，在项目规划的过程之中听取命中意见，公开决策信息，开放决策过程，采纳并且据此提出解决方案能够基本上达到预防邻避事件发生的可能性。在番禺垃圾焚烧厂的案例之中，民众在选址规划已经确定过后才知道这个消息，被“蒙在鼓里”，当举行抗议活动，提交抗议书时，公众意见未受到重视，政府反而采取更加强硬的行为，这使得民怨沸腾，邻情绪激化。

风险控制本身也有利于民众邻避情结的缓解。番禺群众在参观李坑项目过后，对于垃圾焚烧发电厂的环境危害感到恐惧，证明已经落地的项目尚未达到环保标准，这也是邻避风险的根源。如果相关项目设施能够严格按照环保标准进行生产和排放，控制环境污染和危害，居民的邻避情绪会得到大大缓解。

4.2.5 成都 PX 项目

4.2.5.1 事件介绍

成都 PX 邻避冲突作为一个处理不得当的案例，造成在事件爆发以后一系列的副作用，在一定程度上导致了成都市民非理性的事件关联，是一个值得汲取教训的事件。

自 2016 年 11 月中旬起，成都进入了长达 2 个月的雾霾期，连续数天空气质量指数为污染级别，严重时指数曾超过 500，达到 700。在这约两个月的雾霾期中，成都的空气质量没有一天达到良或者优。可见污染严重程度之甚。成都处于四川盆地，大气层时常形成逆温层❶，空气扩散条件差，并且常年多雾，容易形成严重的大气污染，有时间长、难扩散的特点。

根据成都市环保局网站的官方发布的 2015 年成都市大气颗粒物来源解析❷，成都市 PM2.5 来源中，城市扬尘贡献最大，占 20.8%，煤烟尘占 13.4%，机动车尾气尘占 13.3%，硫酸盐、硝酸盐、二次有机碳等二次颗粒物❸合计占 37%。在 PM10 的来源中，城市扬尘贡献最大，烟煤尘和机动车尾气分别占 13.7% 和 11.3%，而二次颗粒物合计占 32%。在综合源解析中发现移动源贡献最大，其次是燃煤和扬尘，而燃煤主要来源于工业。由此发现，工业排放、城市建设（包括房屋修建和道路修建）、汽车尾气是对于成都市大气危害最严重的三个因素。

在持续长时间的雾霾之中，民众的情绪达到了一个愤怒的极点，在 11 月、12 月的自媒体以及社交网站上，民众纷纷表达自己对于雾霾的不满与愤怒，并且有明显的舆论导向将雾霾的矛头指向位于成都市西北方向的中国石油四川石化有限责任公司（彭州石化）。关于彭州石化的舆论主要有：质疑石化项目是否与成都的雾霾有关；直接陈述雾霾与石化项目确实有关系，提供冒着黑烟的工厂的照片，以及“在彭州石化项目开工前，成都都没有雾霾，开工后空气污染就极为严重了”的因果陈述；直接表达情感，运用煽情的语言来渲染污染给我们带来的危害，“成都，我为你呼吸”“为子孙留下一片蓝天”等类似的言辞；也有直接谩骂，发表一些偏激言论的，一些词汇如“断子绝孙”“癌都”“来了就跑不脱的城市”等；也有一大部分民众不明所以，提到彭州石化时，措辞是“他们说的是彭州石化”。

从事实来看，成都的雾霾并不仅是因为一个彭州石化项目，但舆论将成都雾霾与彭州石化项目如此紧密地联系在了一起，造成了一种非理性的事件关联。实质上，这是邻避事件的历史遗留，造成了多重风险交织，使得公众对于风险的感知放大。可以认为正是情绪的积压、信息的缺乏，使得公众将彭州石化污名化，将成都雾霾归因于彭州石化项目的建立，甚至由于石化项

❶ 一般情况下，在低层大气中，气温是随高度的增加而降低的。但有时在某些层次可能出现相反的情况，气温随高度的增加而升高，这种现象称为逆温。出现逆温现象的大气层称为逆温层。

❷ 本研究由南开大学国家颗粒物污染防治重点实验室联合成都市环保科学研究院共同进行。

❸ 大气中某些污染组分之间，或这些组分与大气成分之间发生反应而产生的颗粒物，称为二次颗粒物。

目和政府的紧密关系，造成公众对于政府的信任度也随着彭州石化项目的污名化而降低。

早在2008年，在网上就有帖子说石化项目可能给成都平原的空气和水的质量造成严重后果，呼吁公众关注，并表达担忧和反对。2008年5月4日下午，先后有200人左右到达九眼桥和望江公园“散步”，无标语、无口号、不集会、不示威。散步时间成为那段时间公众热议的话题。5月5日，新京报一名记者报道了成都市民反对石化项目的“散步”，被上层要求停止报道。5日下午，一批成都民间热心公益的文化学者在大慈寺聚会。后来，由于九眼桥散步事件没有得到正面回应，公众正在酝酿在天府广场举行更大型的抗议活动。5月12日汶川地震突然发生，事情的注意力被转移。由于彭州是汶川地震的重灾区，其石化项目的安全性着实令人担忧，时任中石油董事长兼总裁蒋洁敏表示将重新评估石化项目，公众舆论热度暂时消减。然而在2013年，彭州石化项目即将开工，公众的情绪在此被激发，四川大学附近爆发了游行示威，为了防止更多的集会出现，全市各大中小学集中补课，公众的诉求再次被消声与压制。同年4月20日发生芦山地震，公众的视线再次被转移。

直到2016年11月中旬，对于彭州石化项目的关注才又再次爆发。这一次的公众诉求，主要是通过网络社交媒体、自媒体来传播，影响范围较之前又上升了一个层级。

4.2.5.2 反思

关于雾霾以及石化工业专业信息的缺乏，导致公众容易偏向消极情绪；同时历史事件没有得到妥善处理，民怨暗潮涌动，情绪积压，导致公众对于彭州石化项目的污名化，相当一部分舆论将成都的雾霾全盘归因于彭州石化的开工投产。由于石化项目与政府的紧密度，加上之前四川高官的落马，舆论很容易将这与政治腐败联系在一起，从而加深彭州石化的污名。不管彭州石化项目的环评是否达标，这个标签给民众带来的情绪以及风险感知已经被无限放大，公众对于石化项目过度反应，其认识已经背离了事实。

不管是对于石化项目的担忧与愤怒，还是将雾霾的原因归咎于石化项目，这都是一次政府的信任危机，其背后都可以反映出政府与公众风险沟通的缺位。政府的作为、热点关注的污染源的信息以及雾霾的知识没有传达给民众，而同时公众的环保诉求也得不到恰当的表达。政府担心公众组织发生群体性事件，而公众也相信政府对于雾霾不作为，这种上下观点态度的封闭、堵塞使得风险带来的后果倍之于其本身可能带来的后果。这是一种风险沟通机制不健全或者缺乏的表现。

风险沟通能够调和政府、企业、专家和公众之间关于风险问题日益激化的矛盾，通过各种沟通方式增进相互了解，促进一种新的伙伴关系和对话关系形成。良好的风险沟通除了具备启蒙、知情权、态度改变等功能之外，还应具有公共涉入和公共参与功能。这不仅有利于风险的治理，更有利于健全的社会政治民主体制的完善。

此外，解决邻避冲突绝不可以将社会稳定、息事宁人作为皆大欢喜的结局，一味地压制、封住舆论渠道并不能够平息民众心中的情绪，可能造成难以控制的后果，当消极影响会波及其他事件时，多重风险交织的局面会让冲突更难化解。

4.3　我国邻避事件的总体特点

与西方社会不同，在中国的政治社会体制下，中国式邻避冲突的原因及其解决方法都有其特殊性。邻避冲突爆发的方式及其发展的过程、居民的组织形式、政府协调缓解邻避冲突的方式都深刻地与中国现今的政治社会环境紧密相关。

在原因方面，Hongyan Gu（2016）指出参与邻避事件的人其需求是项目重新选址或者是项目以一种有预防措施的方式落成，而不是申诉他们受到的（环境 / 健康）伤害或者要求补偿。何艳玲（2009）在总结中国式邻避冲突时提到，在中国市场经济改革的大背景下，单位制弱化，而公民作为“社区人”的意识不断增强，由此对于自己所身处的社区问题更为关注，社区中的公共问题和冲突的爆发逐渐增多。但是，由于中国社会的公民意识尚未成型，在发生冲突时，其运动的组织性较为松散，民众抗议的目标较不明确，对于信息的获取和甄别能力较弱，容易产生一些非理性的情绪和行为，导致抗议活动的有效性较低。

在邻避冲突的解决方面。在中国行政干预的强制力下，邻避冲突可能采取强力镇压的方式。地方政府以 GDP 为导向，一味地追求经济发展，为了达到招商引资的目的，掩盖本身的潜在邻避风险，导致群众的情绪积压。另外，参与邻避抗争，抗争者常常是城市里的中产阶层，他们有着更好的社会政治资源。这些中产阶层通过其活动迫使政府根据法律让公众参与其中，而不是挑战起政权的合法性。与原因相一致，最终的解决结果大多也是邻避项目迁址或者是缓建、停建。

邻避冲突的解决过程具有中国行政特色。在大多数中国式邻避冲突的案例里，公众抗争的影响范围是随着抗议的激烈程度顺着行政体系一层层上升。例如厦门和宁波的事例之中，当矛盾不能在地方上得到妥善解决时，一般会通过事件规模的扩大以及造成的舆论压力的增强而引起中央政府的重视，从而解决或者缓解邻避冲突。维持稳定是邻避冲突产生的第一要义，甚至是政府在面对愤怒的公众时唯一考虑的因素。

在对象方面，不同于欧美国家，中国的邻避事件范围仍局限于变电站、垃圾焚烧厂、PX 项目等常规型邻避设施，较少涉及养老院、殡仪馆等特殊性邻避设施。发端方面，不同于发达国家发规模的组织化抗争，当下众多的邻避事件常常发端于个体理性维权，进而发展成小规模的社区层面群体抗争，最后扩大为“无组织、有纪律”的都市集体行动[1]。

在目的方面，中国邻避事件大多是停止邻避设施在该地的落成，利益诉求单一，较少涉及政治议题。从邻避事件参与的主体来看，中国参与邻避事件的群体以城市中产阶层为主。他们往往是邻避设施的利益相关方并且是受损方，但相较于社会地位更低的群体，他们有获取信息表达诉求的力量与途径。

在形式方面，第一，我国邻避事件涉及的地理区域广袤，大中小型城市皆有。既有天津、北京、广州、上海等大城市，也有像茂名、什邡等中小型城市。第二，我国邻避事件参与人员比较多样化。参与人数从数百到数万人不等，参与人员结构也日益复杂化，非直接利益者增多，中青年逐渐增多并成为主力。第三，参与形式多样化。既有通过高举打印口号、横幅或戴口罩游行等方式向政府示威的相对和平理性的行为，也有诸如冲击、围堵重要交

[1] 高新宇．“中国式”邻避事件结果的影响因素研究．河海大学学报 2017。

通线和党政机关，扰乱正常交通和办公秩序，甚至打砸抢等恶性过激行为。第四，处理方式妥协化，多为政府让步。具体处理方式既有当天表态停止建设，也有表示重新论证研究。第五，项目投资巨额化（赵定东、谢攀科，2015）。大部分项目投资额超过 100 亿元，宁波的 PX 项目投资额甚至高达 558 亿元。

在结果方面，与农民上访、工人维权等运动相比，现阶段我国邻避事件的结果多以设施停建或迁址、居民取得成功而结束。从区域社会经济发展状况、公民性等因素来看，东部地区的邻避事件成功的可能大于中、西地区。另外，在众多邻避抗争案例中，环保组织囿于“合法性困境”，其在邻避事件动员、培训、议题拓展等方面的作用受到制约。不同属性的邻避设施的运动结果也各不相同。此外，媒体对于结果走向的影响在中国显得格外重要，不同级别媒体的报道的影响力也有所不同。

4.4　我国邻避事件的发展趋势

4.4.1　基于保护环境动机的邻避事件占多数

在我国当前甚至很长一段时期内，垃圾处理邻避情结还将持续一段时间，其他邻避冲突也将日益凸显（吴云清、翟国方、李莎莎，2012）。居民反抗的大型工业设施主要包括垃圾焚烧（填埋）厂、燃烧发电厂、炼油厂、PX 制造厂等，这些设施都存在一定程度的环境污染风险。虽然居民群体内部也存在不同价值的轻重权衡（如有的看重环境价值、有的看重财产价值、有的看重健康价值等），但总体上公众反对邻避设施的动机可以归结为环境保护。

在中国内地，随着近十年来城市化进程加速和公民权利意识的兴起，邻避冲突也正在成为一个突出现象，备受关注的有云南怒江水电站项目、厦门 PX 事件、北京和广州居民反对建立垃圾焚烧厂以及大连反对 PX 项目事件等。集体抗议常常发生在这些由居民邻里发起和参与的、以环境公平为诉求的非政治性的日常生活领域，构成当前中国“社会运动的日常形式”[1]。我国香港地区近年来也频繁出现类似抗议，如屯门居民反对兴建永久航空煤油库

---

[1] 赵汀阳．年度学术 2007（治与乱）[M]．北京：中国人民大学出版社，2007，355 ～ 377．

和污泥焚化炉、将军澳居民反对扩建垃圾填埋场等，都属对环境存在潜在危害的设施。可见，基于环境正义的邻避抗议运动已成为新社会运动的重要表现形式之一，并在当今社会中显现出越来越常态化趋势（娄胜华、姜姗姗，2012）。

一些学者强调邻避事件的群体性质，如虞铭明和朱德米（2015）将昆明 PX 项目的邻避抗议行动归为“环境群体性事件”。可见“环境”要素是我国许多邻避事件的关键。曾润喜对环境群体性事件给出过定义（曾润喜，2009），“环境群体性事件是指由于环境问题导致民众参与的群体性事件，它是当前影响我国社会稳定的一个突出矛盾”。而据中国环境科学学会统计，自 1996 年以来，环境群体性事件一直保持年均 29% 的增速[❶]。我国环境群体性事件的数量增多、规模扩大代表着以环境保护为动机的邻避事件也将增加。这与大型公共设施本身往往会对环境造成一定负面影响，给一定区域带来污染有关，也与我国公民的环境保护意识、民主意识的觉醒有关。更宏观的来看，这类设施的兴建是我国社会经济迅速发展和转型阶段必然的需求，因此伴随环境性邻避设施的增多，以环境保护为动机的邻避事件也将相应地增多。

此外，虽然居民群体内部也存在分异，在同一邻避事件中不同个体所看重的价值可能不同，环境保护不一定是居民采取行动的首要动机。一些居民或许更看重财产价值（如自家周围的土地会否因设施的落地而贬值），但不可否认的是，与自然环境密切相关的空气质量、水资源质量等因素及这些因素会影响人的健康状况、生活幸福程度，仍然是大部分居民在反抗一个公共设施时首要考虑的。

4.4.2 政府治理的方式转变

从近年来发生的多起邻避事件来看，传统“自上而下”式的政府治理方式已越来越不能够顺利地化解多种多样的邻避冲突。一方面，随着国家工业化的进程加快，建设更多的工业设施势在必行；另一方面，环保意识逐渐觉醒的公民也越发重视生活环境质量，二者的客观矛盾使得邻避冲突的发生概率在未来必然会增大。何艳玲认为，对于这类危机性冲突，一个以良治

❶ 王淑萍．权利与权力的博弈：对舆情危机的深层次透视［J］．求实 .2012(7)：56 ～ 59.

（good governance）为目标的现代政府已经不太可能像威权时代的政府那样采取戒严、镇压的手段来加以防止和解决。而且从我国的语境来看，这一类问题往往也应该作为“人民内部矛盾”来解读。因此，针对邻避冲突的一切暴力手段都缺乏充足的合法性依据。只有不断从传统的政府“自上而下”的工业管理模式向“自下而上”的多方合作治理模式转变，邻避冲突才可能被合理地化解（何艳玲，2016）。2007 年厦门 PX 项目得以顺利迁址，离不开政府在市民表达不满后采取的积极沟通举措，也可视为政府转变治理方式化解邻避冲突的案例。

可以预见，政府治理的方式的民主化转变是未来政府方应对邻避事件的行动趋势。中央和地方政府将不再仅仅采取一种“兵来将挡”的被动应急管理方法强制维稳，而是从根源上树立公民对政府的信任，畅通项目方企业、专家、政府、公民等多方的沟通渠道，做到信息公开和尊重民意，将公民纳入决策前期到后期的整个阶段中来。

4.4.3　非政府组织参与率更高

褚松燕指出，以官僚体系为载体的国家、以股份公司为载体的市场和以各种非政府组织为载体的公民社会是在防范和应对各种公共危机的社会治理中，人类社会逐渐形成的组织化的社会治理结构框架[1]。改革开放以来，随着市场经济体制的逐步建立，政府机构职能的转变和“小政府、大社会”目标模式的确立，非政府组织得到迅速发展。根据民政部发布的《2017 年社会服务发展统计公报》，截至 2017 年年底，全国共有社会服务机构和设施 182.1 万个，社会组织 76.2 万个，比上年增长 8.4%[2]。非政府组织的迅猛发展必将对中国的社会治理结构产生重大和深远的影响[3]。作为社会治理结构中最为关键的三方之一，非政府组织代表的社会力量也将更广泛、深入地参与到邻避事件中来。

范履冰分析了非政府组织在公共危机发生的各个阶段能够起到的参与、中介、预警、监督和服务功能。在理想状态下，非政府组织的参与的确可以

---

❶ 褚松燕 . 公民社会组织与风险抵御机制 [J]. 国家行政学院学报，2005，（5）。

❷ 民政部 . 2017 年社会服务发展统计公报。

❸ 范履冰 , 俞祖成 . 公共危机中的非政府组织功能——以“厦门 PX 事件”为例 [J]. 理论探索，2008（5）：113 ～ 116。

对邻避冲突的解决提供许多帮助，起到化解冲突、协调多方利益的不可替代功能（范履冰，2008）。

然而，在目前我国发生过的多起邻避事件中，非政府组织的参与程度低、实际起到的作用也很小。

就厦门 PX 项目选址“散步”事件中，厦门非政府组织（当时厦门市登记在册的非政府组织有 1780 个）在事件中的作用微乎其微，并没有发挥其应有的功能（范履冰，2008）这其中的原因涉及多方面，与政府、企业、公民和非政府组织自身都有关。政府没有对非政府组织放权，限制了非政府组织的话语权和行动力。以企业为代表的市场力量不够强，市场经济制度不健全，企业与非政府组织没有进行良好的合作和沟通。公民社会发育不足，对政府还有较强的依赖心理，缺乏相关意识的民众也很少求助于非政府组织。就非政府组织自身而言，我国非政府组织的发育程度远不及西方国家，起步晚、经验少、行动力弱、资金短缺等都是其难以参与到邻避事件中、发出有力的声音的原因。

陈静亚也认为，在反对厦门 PX 项目散步事件中，几乎没有地方的非政府组织介入，这使得厦门群众的“散步”组织化程度不够，且因其临时性而只发挥了有限的影响力。目前我国 NGO 组织还存在众多的弱势，如起步晚、规模小、数量少、经费来源短缺、活动形式单一等不足（陈静亚，2011）。而在昆明 PX 事件中，环保组织虽然采取过行动，但几乎没有能力介入到事件中去，在整个事件中处于“失语”的状态。即便地方环保组织发出了声音，影响力也十分有限，问题得不到政府正式的回应和解决。

目前，非政府组织在我国邻避事件中的参与率还较低，参与程度浅，只能发挥很有限的推动邻避争端解决的作用。但通过比照西方国家邻避事件的发展轨迹，我们大致可以预测未来几十年我国邻避事件将会有更多的非政府组织参与的这一趋势。西方最早的邻避矛盾于 20 世纪 60 年代开始凸显，直至 20 世纪 80 ～ 90 年代演化得越加复杂，非政府组织也逐渐参与到运动中。刘冰指出，20 世纪 80 ～ 90 年代，工业化国家发生的一系列社会变革使危险设施选址问题更加复杂化，危险设施选址问题演化为不同价值观、不同利益群体之间更深层次的辩论和斗争。环境抗议运动开始表现出长期化、组织化的特征，一批环境领域的非政府组织为“邻避事件”推波助澜（刘冰，

2013）。当前我国的社会发展正处于西方发达国家所经历过的发展阶段，伴随着社会的种种变化，邻避冲突在我国同样愈演愈烈。这与西方国家历史上经历过的时期是相似的。虽然我国的非政府组织与西方国家相比尚存在先天的弱势，发展起步较晚，但可以预见当邻避事件逐渐变得频繁、长期化和组织化，不仅公众会更加意识到非政府组织的潜在力量，在冲突中更多向非政府组织寻求帮助；政府也会更重视非政府组织的声音，而难以在邻避冲突的互动和博弈中忽视它们的存在。随着制度上的不断优化和实践经验的逐渐积累，社会组织在邻避事件中的参与率将得到提高，发挥更大的作用。

4.4.4　邻避争议领域由传统工业向新兴工业转变

我国目前的选址难题还较多地集中在传统工业设施上，而西方发达国家邻避事件涉及的公共设施除传统工业设施外，还包括一些新能源设施（如风力发电厂、核废料存储库）等。许多外国学者开始关注风力田、新能源燃烧厂、木材气化厂等新兴工业设施选址所引发的争议（Warre，2005；Upreti，2004；Toke，2005）这与西方国家较早进入后工业化的发展阶段有关。可以预见的是，未来中国的工业将保持高速发展的态势，随着国家对传统工业技术的把控日渐成熟及对新能源的需求日益增大，国内潜在的邻避争议会逐渐从传统工业转移到新兴工业上。

4.4.5　社会力量更加举足轻重

随着中国单位制的瓦解，住房商品化改革，以及社会主义市场经济体系的不断完善，公民的权利意识不断提升，邻避问题会越加成为公民所关注、利益诉求集中的一个社会问题。近几年的邻避事件规模越来越大并且越来越组织化，有相关利益的居民组成群体共同发声是近年来邻避事件的特点。

北京六里屯垃圾焚烧厂事件中，当建设垃圾焚烧发电站的消息传出后，周围住宅小区的居民表示强烈反对，因垃圾焚烧可能产生二噁英污染，反对的声音不断壮大，居民打出“不要恶臭，不要癌症”的标语，小区业主们开始在论坛上讨论此事，发出质疑，引起了媒体和社会的关注。居民通过聘请律师走行政程序、舆论发声等多种途径呼吁政府部门慎重考虑选址问题。

广州市居民为反对番禺垃圾焚烧厂更是集结了近千人的抗议队伍出现在

环保局，并且把由网友们共同拟定的《反对兴建垃圾焚烧处理厂的意见书》和搜集好的各大楼盘数千签名递交给了政府官员，获告知 2 个月内会给予答复。此后，业主们先后向华南环科所递交抗议书，要求公式环评过程和结果，向园林局递交抗议书。

在近年发生的邻避事件中，公众发表自身意见的途径越来越多样化，除了传统的求助于媒体，诉诸舆论和法律，公众还通过向有关部门抗议，递交意见书，通过网上论坛形成有一定秩序的组织，选取意见领袖表达诉求等方式来处理邻避冲突。这些作为社会问题的安全阀，能够在一定程度上起到缓解社会冲突，缓解公众情绪的作用。随着中国社会不断完善，通过更多样的渠道，运用社会力量，合理地、正当地来处理邻避冲突是一大趋势。

第 5 章
我国解决邻避问题的经验教训

5.1　漳州模式

5.1.1　事件概况

2007 年，厦门 PX 项目由于受到当地市民激烈反抗被取消后，漳州市为推动其工业化发展，取得竞争优势，积极筹备，争取该 PX 项目的选址落户。

2008 年，福建省政府批准将该项目迁址到漳州市古雷镇，漳州与翔鹭集团旗下的腾龙芳烃（厦门）有限公司正式签订投资协议书，计划总投资 137.8 亿元人民币，年生产对二甲苯（PX）80 万吨。

2009 年，经过一系列的审批，在漳州市政府的积极争取下，国家发改委批准古雷 PX、PTA 项目，同年，该项目开工，并于 2013 年正式投产运营。漳州古雷仅仅用了一年时间就完成了 PX 项目的所有审批项目。启用项目建设仅用了不到 3 年时间，实属邻避风险事件之中少数顺利完成的案例。

5.1.2　选址过程

虽然漳州 PX 项目选址顺利，但其中过程还是有些微波折。当 PX 项目尚在意向阶段之时，漳州东山县部分民众爆发了反对 PX 项目的抗议活动。

2008年10月，古雷征地启动之始，PX具有剧毒的传闻在古雷半岛散播。鉴于厦门PX项目的失败案例，漳州市极其谨慎地推进PX项目。政府采用全市动员、深入宣传科普的方式进行风险沟通，并采用威权管制等方式，通过行政体系防止群众邻避事件的爆发。

地方政府为选址付出超规格的行政与人力资源。漳州市政府为古雷石化项目配备了较高级别的领导，由厅级领导担任县级职务，还派专人帮助协调漳浦县拆迁事宜。其次，政府进行了主动的信息公开和风险沟通。通过《闽南日报》等媒体，政府分别于2008年9月11日和11月6日公开了古雷PX项目的环评报告。此外，政府组织各级党政机关以及学校收看《扬子石化宣传片》《石化项目科普讲座》《和谐与发展》等科教宣传片，并且对学生家庭组织“地毯式家访”。通过政府基本单位和学校这两个承担着社会重要职能的角色，辐射到社会各个家庭，从而使石化项目是安全与重要的观念深入人心。最后，在舆论管制方面，当地政府采的措施力度也相当大。2008年6月，漳州市纪委专门出台《关于党员干部在重大经济建设活动中严明纪律的若干意见》，提出“八个不准”，譬如“不准擅自发表与省委、省政府和市委、市政府作出的关于推进重大项目建设的决策相悖的言论；不准通过网络、短信、小道消息等途径散布、阻碍重大项目引进落地建设的谣言”。有了参与东山岛集体“散步”的个别人员被处罚教育的前车之鉴，古雷石化项目在选址过程之中民众的稳定性有了一些提高，受到了威慑的民众没有再组织“散步”抗议活动。

漳州市古雷半岛的拆迁和环评活动按部就班地进行，在一年的时间里，顺利完成审批手续，古雷石化PX、PTA项目获批投入建设和运作。

5.1.3 选址经验

客观的自然条件为漳州市古雷半岛提供了较为有利的选址条件。PX项目选址的漳州古雷半岛南北长约20公里，淡水资源丰富，拥有天然深水良港，是“中国八大深水港之一”，航运潜力大，工业用地充足，尚未被开发。地理位置方面，古雷镇与漳州市中心直线距离70公里，与厦门市直线距离81公里。古雷半岛尚未工业化的条件提供了较为宽裕的环境承载力。

客观的社会结构使得漳州市居民对于环境邻避风险的敏感度相对较低，

一定程度上有助于 PX 项目选址落成。PX 项目进驻之前，漳州市还是一个农业为主的城市，对工业发展的需求是极其迫切的。历史上对邻避事件的研究发现，选址抗议的激烈程度是与当地的经济发展水平成正比的（Portney，1991）。工业化城镇化水平较低的地区，其公众关注的焦点主要在于经济、收入、生活保障等民生问题，环境问题尚未突出；公民获取信息的途径较为有限，公众对于具有石化项目的风险了解欠缺。另外，在农业比重较高的情况下，小农经济的封闭性使得古雷半岛的社会结构比较分散，难以形成大规模集体抗议活动。这样，漳州 PX 项目实现了“最小抵抗路径”（Ringquist，1997）。

在选址经验中，值得一提的是漳州市政府对于推进 PX 项目落成的积极努力。

在漳州 PX 项目中，政府选择了事前风险沟通的方式，使得政府掌握了主动权，对舆论风向起到了主导。通过播放宣传片、开专家讲座等方式，政府在 PX 项目落成前与民众进行了风险沟通，在为民众传递风险知识的同时，缓解了民众对于 PX 项目的恐惧情绪，对于 PX 项目的风险感知降低，更易于接受 PX 项目建设。并且，公众也参与了环境评估，漳浦县政府邀请古雷镇群众对古雷 PX 项目环评进行全程参与，群众参与的环评涉及规划、选址、立项、建设等各环节，古雷 PX 项目也成为全国第一个公众全面参与环评的石化项目。

政府发挥各级单位的作用，对各级官员特别是基层人员进行教育活动，通过官员的社会网络，达到辐射社会各方面，稳定民心的作用。虽然仅限于行政体制之内，但是官员作为社会结构之中的精英群体，对于其社会网络关系之中的其他人具有不小的影响力，政府各级行政人员对于舆论风向起到了稳定的作用。

此外，政府还对群众进行深入细致的教育引导。以党政机关和学校两个重要社会角色为基础，通过家访、党群活动、社区工作等面对面对接群众的沟通，通过丰富多样、覆盖面大的宣传片、专家讲座、石化企业参观等沟通形式为公众提供了重要的知识，增加政府和石化项目的信任度。例如，在 2008 年选址时，政府便邀请专家办讲座，媒体上设立“重大化工项目”专栏节目，邀请腾龙公司技术人员与村民共同参加，现场互动对话。另外，还组织民众到新加坡、南京扬子等PX工厂考察，让居民感受到PX项目周围的良好环境，缓解恐慌情绪。

当然，政府对于石化项目周围的居民进行了一定的利益补偿，并且承诺PX项目招工时，优先解决当地群众就业问题。

最后，不得不提的一点是，由于漳州市迫切需要这一项目作为其工业化的抓手，政府在此项目上施加了其政治地位权威和强制力。政府将漳州PX项目作为一项政治任务，漳浦县领导干部高配，全员上下齐心，将推进项目的各个方面严格谨慎地把控，也是其他环境风险邻避项目所罕见的。2008年7月，古雷镇PX项目启动，漳浦县政府抽调了39名科级干部组成工作组，进驻古雷镇的13个村，三人一组，开展“一户一政策”说服工作，做通了村民思想，确保项目得以在2009年5月8日顺利开工。

5.1.4 不足之处

公民参与决策的程度以及起有效性值得考虑。虽然漳州PX项目中采用了事前风险沟通以及公众参与决策的方式，但是在这种政治任务性选址活动当中，居民意见是否得到采纳以及居民利益是否被代表是有待考量的。基于迫切需要石化项目以及厦门市PX事件这两个前提，漳州市政府采取了较为主动和科学的方式进行引导和推进事件进程，但是此过程中公众还是处于被动地位。

风险监管不到位。在漳州PX项目选址成功过后，发生过两起负面事件。2012年为节约成本，腾龙芳烃更换了生产原料，根据环评该方案不合格，被罚款20万元。2013年该PX项目发生爆炸，虽没有发生人员伤亡，但是这使得PX项目的风险性暴露无遗。这也使民众怀疑环评以及质监的水准，可能会对此地区以后的项目落成产生负面影响。

5.2 杭州模式

5.2.1 事件概况

杭州中泰九峰垃圾焚烧厂是杭州市公示的2014年重点规划工程项目，

其中包括在杭州市西部余杭区中泰乡九峰矿区建造的一座垃圾焚烧发电厂。该垃圾焚烧项目计划一期日烧垃圾 3200 吨，二期日烧垃圾 5600 吨，一旦建成，将成为亚洲最大的垃圾焚烧发电厂。垃圾焚烧发电厂的建设是一项变废为宝的项目，尤其能够解决城市日益严峻的垃圾处置问题。但部分居民担心，焚烧厂的建设所产生的烟尘、二噁英等有害物质会影响周边环境，从而对身体健康、环境质量、资产价值等带来多重负面影响，由此包括城西部分居民在内的群众多次集会进行抗议。

2014 年 5 月 10 ～ 11 日，为反对杭州中泰九峰垃圾焚烧发电厂建设，大量群众涌上 02 省道和杭徽高速余杭段，进而发生部分人员封堵高速公路省道、打砸车辆等违法事件，导致交通长时间中断，并造成人员受伤。项目在规划建设前期，相关部门并没有及时、全面、有效地公开信息，在面对群众联名请愿信和听证申请时亦没有积极回应群众的环保诉求。相关部门长期的“按而不发”和“待而不应”，令群众的质疑、忧虑和恐惧不断升级，不满情绪反复发酵和蔓延，最终通过非理性的方式来表达和宣泄，酿成环境群体性事件。

2013 年以前，杭州群众并没有像现在这样对“垃圾焚烧”高度敏感，媒体亦没有对此重点关注。当时，与杭州地区“垃圾焚烧”有关的新闻较少，比较有代表性的 4 篇分别是《杭州最大的垃圾焚烧厂所在的三角村，离得再近也没味》（详见《浙江日报》2010 年 11 月 26 日）、《杭州新世纪能源环保公司垃圾焚烧技术取得新突破》（详见《中国建设报》2011 年 3 月 18 日）、《杭州将限制过度包装，2015 年八成以上垃圾焚烧处理》（详见《每日商报》2012 年 11 月 22 日）、《杭州绿能环保发电有限公司滨江垃圾焚烧厂环境监测情况公告》（详见浙江政府服务网 2013 年 3 月 19 日）。从这 4 条新闻的标题及其内容来看，“垃圾焚烧”并未成为一个“负面话题”，而是代表着一种先进的垃圾处理技术。

在杭州环保局关于垃圾焚烧项目的检测公告中，还有这样一段话：滨江垃圾焚烧厂二期工程项目至今尚未启动，也未向我局报批环境影响评价文件。按照国家有关法律规定，二期项目开工前应当开展环境影响评价并经环保部门审批同意。在未通过环境影响评价及审批前，该项目不得动工建设。环保部门的鲜明态度在一定程度上有利于消除公众的忧虑。但此时“垃圾焚烧”尚未引起公众足够重视。

5.2.2 事件发生背景

2013年年底，杭州媒体和公众对“垃圾焚烧”的认识发生变化。《杭州一垃圾焚烧厂被指与居民区为邻政府称规划合法》，这是较早对垃圾焚烧项目进行质疑的新闻。虽然该地区民众已经向有关部门多次投诉，但这是第一次被媒体公开报道，公众依托媒体公开发出了反对“垃圾焚烧”的声音。另外，垃圾焚烧厂附近的居民也在论坛、QQ群中针对垃圾焚烧的危害进行了广泛讨论，律师和环保人士加入其中，合力促使相关项目搬迁，并阻止某垃圾焚烧项目二期工程开工。此时，有群众针对垃圾焚烧项目持续上访，甚至有群众阻挡垃圾车进入厂区，但规模较小，在相关部门协调下，事态得到控制。

2014年4月，有媒体报道杭州萧山垃圾焚烧厂涉嫌“环评造假”。来自中国之声《新闻纵横》的报道：环评报告中“公众调查部分”一共调查了69名群众，其中50位都是已经拆迁的拆迁户。一些上了环评报告投票名单的居民告诉记者，他们没有参与调研，是“被投票”。这则“环评造假的消息”闹得沸沸扬扬，其他媒体也进行了转载和报道，在部分群众中激起了不满，一定程度上损害了环评部门的公信力。遗憾的是，政府并没有对“环评造假的消息”进行明确回应，进一步增加了群众的疑虑。越来越多的杭州群众开始质疑甚至恐惧垃圾焚烧项目、对权威部门相关评测的信任度降低，而这正是“九峰事件”发生的大背景。

5.2.3 事件发生经过

早在2014年3月29日，杭州市规划局公示《杭州市环境卫生专业规划修编（2008—2020年）修改完善稿》（以下简称《完善稿》）。该规划指出，政府规划在余杭区九峰周边新建一个垃圾焚烧厂项目。这个消息引起了许多市民的高度关注。4月22日，浙江省住房和城乡建设厅发布了《关于（杭州市）杭州九峰垃圾焚烧发电工程的批前公示》，并在附件中公布了由杭州九峰环境能源有限公司撰写的《杭州九峰垃圾焚烧发电工程建设情况说明》，介绍了项目的基本情况、项目经济技术指标、三废处理方式等重要信息。

4 月 24 日，群众代表向杭州市规划局提交了一份 2 万多人反对九峰垃圾焚烧发电厂的联合签名，还有 52 人对《完善稿》的公示提出听证申请。当日，浙江新蓝网发布新闻《杭州余杭九峰建垃圾焚烧厂怎么保证环境不受污染》，披露了一些重要信息，其中有环保志愿者质疑："在垃圾厂选址的附近，除了本地村民之外，还有大片的商品住宅区，大小楼盘共有 50 多个，约有居民 50 万人。大家的担心中，首先涉及饮水问题。"浙江省环保厅、杭州市环保局以及九峰公司对此事都没有作出正面回应。

4 月 25 日，新蓝网发布新闻《杭州九峰建垃圾焚烧厂的选址尚需进一步检测评估》，介绍了杭州市规划局对于该项目的解释：目前位于杭州城西片区的仓前垃圾处理工厂已处于超负荷状态，并且已无法扩建，所以需要在九峰周边新建一个垃圾焚烧厂。经相关部门论证比较，这样选址整体上对周边影响会小一点，但这是否会最终建造垃圾焚烧厂，还需要根据相关检查报告的结果来决定，如果检测出不合适，规划局仍需重新选址。期间有媒体发表文章解释项目的意义和技术特征，但当地群众对该项目的忧虑有增无减。

因为迟迟得不到官方的正面回应，从 4 月下旬开始，每天都有一些群众聚集到中泰街道办事处的院子中表达抗议。5 月 7 日，群众发现有人向规划场所运送勘探设备，"垃圾焚烧厂秘密开工"的消息被快速传播，激起群众更大不满，导致近千村民聚集。5 月 9 日，余杭区委、区政府发布《关于九峰环境能源项目的通告》，向群众保证："在没有履行完法定程序和征得大家理解支持的情况下一定不开工，九峰矿区停止一切与项目有关的作业活动，承诺保证广大群众的知情权和参与权。"但时机已晚，因此并没有平复群众情绪。5 月 10 日下午，更多群众聚集办事处，期间发生了个别群众打、砸等违法暴力行为。在政府多部门的紧急协调和处理下，事件于 11 日凌晨得到平息。

对于这一事件，杭州市委、市政府有关负责人高度重视，一方面表示理解公众的"邻避思维"，但另一方面也坦言这让他们左右为难。据杭州市城管委统计，2013 年杭州市区生活垃圾产生总量 308 余万吨，仅此一年的垃圾量，就能填满 1/5 个西湖，而主城区的垃圾还在继续以每年 10% 的速度增加；目前杭州两座垃圾填埋场加上 4 座垃圾焚烧厂，总共的垃圾处理能力为 6200 吨 / 天，其余的垃圾只能选择填埋，这实际上对环境的负面影响更大。

事件发生后，杭州市政府于 5 月 11 下午召开新闻发布会，市政府领导表示要全程确保群众知情权，一定要把这个项目做成能求取最大公约数的项目。同时，余杭区政府发布公告称："其一，九峰项目是我市重点环保项目和民生项目，在项目没有履行完法定程序和征得大家理解支持的情况下，一定不开工，九峰矿区也停止一切与项目有关的作业活动。其二，九峰项目实施前期过程中，将邀请当地群众全程参与，充分听取和征求大家意见，保证广大群众的知情权和参与权。其三，希望广大群众不要再到九峰矿区和中泰街道办事处集聚，保持正常的社会公共秩序，共同维护社会大局的稳定。"

同时，为了争取公众的理解和支持，当地政府组织城建、规划、环保等领域的专家与民众代表展开对话，并邀请了全国垃圾焚烧和处理方面的专家就公众关心的问题进行了解答。但目前，这一事件仍然陷于"死结"之中，并没有得到妥善的解决。

5.2.4 事件的经验与反思

陈辉等（2014）指出，这一邻避事件发生的原因在于环境信息公开度与透明度低，政府环保诉求的有效回应速度慢。在事件发展初期，政府相关部门并没有及时发布信息，未能让群众充分知情。政府在事件早期仅进行了公示，没有同步做好关键信息的发布，而是被其他媒体（特别是省外媒体）从"新闻事件"的角度进行广泛报道。这些报道虽然提及省环保厅、省环科院和市环保局等官方意见，但作为新闻素材，只是"新闻解读"，缺少权威和公信力。一些媒体在报道中具有明显的倾向性，群众容易被误导。

此外，当地政府没有及时回应民众的诉求。在事件爆发半个月之前，2 万多名群众向政府表达了反对意见，并请求听证，但政府有关部门并没有正面回应。4 月下旬，小规模群众在街道办事处聚集，并未得到相关部门的高度重视和积极回应。直到事件爆发前一天，区委和区政府才发布姗姗来迟的《关于九峰环境能源项目的通告》。相关部门的长期"按而不发""待而不应"，令群众的质疑、忧虑和恐惧不断升级，不满情绪反复发酵和蔓延，最终使事态扩大，促成了重大群体性事件的发生。虽然事后公安部门对违法犯罪人员进行了处罚，事件得以平息，但这并没有完全消除绝大多数群众内心深处的疑虑。

邹积超（2016）也得出了类似的结论，邻避问题极为复杂，但其本质不单纯涉及利益问题，还内含权利与权力的博弈。邻避问题的化解重要在预防，在公众权利保护、参政议政意识觉醒以及生态文明体制改革的大背景下，化解邻避问题最为重要的路径是法律。从政府的事后反应看出，政府并没有对项目可能导致的邻避危机有充分的预测和准备，保证居民知情权和参与权等措施也较为单一。更危险的是，在事件中，政府的权力运作缺乏足够的自省和内敛：其一，缺乏对公共利益的科学考量。在涉及负外部性事项的决策中，公共利益不能成为“多数人暴政”的冠冕。杭州垃圾处理形势固然严峻，但政府决策不能盲目对相关项目贴上公共利益的标签——因为公共利益有可能滥用或者虚化。其二，政府信息缺乏有效公开。其三，参与决策程序不明确。其四，利益补偿方案不明确、不充分。

黄冠中等（2015）则从环境政策角度探析了该案例，并从法治的角度分析了事件的原因，认为要缓解邻避效应，关键在于运用法治的思维与方式真正地建立并执行一整套抵御环境风险的信息公开和公众参与机制，以及完善的市场治理体系。

陈辉等（2014）认为，“信息公开”与“诉求回应”内含于政府与公众之间的互动过程，在预防和治理公共环境事件中发挥着重要作用。信息公开并不仅仅是“项目公示”，而是要让群众更全面地了解相关政策、规划和项目内容，减少因“不知情”而带来的负面情绪。“诉求回应”要把握时机和方式，建立健全环保舆情监控机制和环境群体性事件预警机制；诉求回应要以疏导为主，不能简单“打压”，否则将带来群众不满情绪的反弹，增加事件的复杂性和解决难度。

“九峰事件”具有较强的“邻避主义”色彩，在一定程度上反映了当前环境公共事件中“官方强调的科学决策与民众要求的民主决策之间产生的矛盾”。诱发群众不满情绪并直接推动事件升级的主要因素不单单是垃圾焚烧厂的建立，还包括群众在缺乏权威信息的基础上滋生的不满和怨气，并最终通过非理性的方式表达和宣泄出来。这出乎政府部门的预料，亦非民众的本意。“九峰事件”是政府相关部门在“信息公开”和“诉求回应”方面的一个失败案例。它给我们最大的启示在于：在重大环保项目问题上，政府要将公众的知情权和参与权落到实处，否则将制约公众参与环境影响评价机制的真正形成。

目前，杭州九峰垃圾焚烧厂项目正朝平稳有序的方向发展。政府在充分公开环评信息的同时，吸取了民意，减少了项目用地面积，并组织数千群众赴广州、南京等地考察相关环境能源项目的运转情况。这非常有利于减轻群众的恐惧，消除邻避主义情绪，推动群众对项目的认可和支持。化解公共环境事件风险，不能仅靠技术，还需要信任。信任只能在群众的充分参与中形成，而这正是“信息公开”和“诉求回应”意义之所在。

第 6 章
西方国家防范邻避风险的主要经验教训

6.1 公众参与

公众参与是指在邻避设施选址落建过程之中，公众参与到具体决策议程之中，表达其利益诉求，与政府开发商或第三方协商决议，最终达成共识的过程。公众参与决策不足是邻避冲突产生的直接原因，优化规划决策的公众参与是避免邻避冲突的有效途径，具有重要的现实意义。注重风险评估与决策之中的公众参与，达到风险沟通与协商的目的，能够有效地缓解民众的邻避情绪。

戴维斯 [Davis，1986(2)] 认为，解决危害性废弃物选址争议首先需要消除公民对健康和社区财富的担心，这就需要在决策制定程序中向公民提供信息和允许公民参与、并将公民参与和技术努力相结合。 克拉夫特和克拉里 [Kraft，Clary，1972 (2)] 也认为人们是否愿意接受在本地建设某个邻避设施，主要取决于向他们所提供的参与的本质和程度等几个关键要素。

王顺和包存宽（2015）在其对于影响公众参与的因素分析的研究中指出，参与风险决策是公众的一种理性选择，损益判断、收益预期影响着公众参与决策的兴趣。另外，公众参与决策的有效性决定着公众是否在实质上能够表达利益诉求，真正参与协商决议。郑卫 (2013) 在分析公众参与困境中时发现，公众参与的目的是邻避设施规划中启动公众参与程序首要考虑因素，不同的目的影响着不同的公众参与程序和形式；公众参与的主体即公众代表影响着民众利益在决策过程之中是否能够得到表达；公众参与程度是影响公众参与有效性的重要因素，公众在决策的何阶段介入及其意见在多大程度上能影响最终决议是公众参与程度的体现；公众参与形式是公众参与制度设计中的重要一环，涉及参与活动为公众提供信息的充足可靠程度。

Besley（2011）以美国的核反应堆听证会案例对公众参与展开比较完整的研究。美国南卡罗来纳州对核反应堆选址举行听证会。此项目选址大约在哥伦比亚州首府以北 56.3 公里，受影响居民超过 65 万人。两个组织联手推进这项建设，分别是一家州所有的公共事业公司和一家地方的能源公司。听证会的焦点是能源公司的加入是否能够在用电方面帮助到工程建设，这样就要求支持者证明扩张的需要。这场听证和美国法庭的设置一样，有能源财团的律师、州律师，还有一些局外的干预者作为旁观证人。这些干预者由一些市民、环保组织的律师组成，他们认为没有必要新建核电站，更不希望在自己所在州出现核能。会议为公众发言设立了专门的时间，一次在白天一次在晚上，并且听证全程对公众开放。随后的联邦决议的过程关注的是一些零散的环境和安全问题。

1992 年，美国夏洛特垃圾焚烧厂选址萨米尔公园，经开发商建议，政府召开地方会议向居民澄清垃圾焚烧厂问题，然而在会议上，居民离席表达抗议，原因是开发商并没有对其关心的项目潜在危害给出满意的答复。此后，居民投票决定项目是否建设，最终反对意见占大多数，项目被否决。这一事件之中，政府挽救措施过于迟缓，公众参与也只是处于被告知的状态，其真正的利益诉求没有得到采纳，这也是导致居民反对情绪高涨的原因（黄朝雄，2014）。

日本也广泛采用公众参与的方式化解邻避冲突。第二次世界大战后，日本进入经济高速发展的时期，与此同时，土地使用争端事件也逐渐增多。垃圾焚烧困境是其中一个重要问题。1979 年东京垃圾焚烧厂选址居民区，这一举动引发了居民的强烈抗议，他们将东京都政府告上法庭，在法庭的压力下，政府建立了纳入公众参与的垃圾焚烧厂选址机制，并且在全国推广。其实施方案分为两个阶段，第一阶段由各区选举市民代表和专家组成选址预备会，第二阶段由一般市民代表、候选地市民和专家组成特别建设市民委员会针对垃圾焚烧厂的候选方案进行论证分析，并有代表进行投票决定最终方案。这使得投票更具有公信力（侯璐璐、刘云刚，2014）。

6.2　决策模式创新

韩国庆州在韩国氢核电力公司的选址过程之中（Ji，Kim，2009），采用竞争性选址同时纳入公民投票的公众参与机制。在公众关于该项目具有较高的经济收益预期的基础上，公民得到由政府发起投票的否决权，在与其他城市竞争的机制下，公民投票的通过率越高，该氢核电力公司就选址何处，这样一个具有综合因素的公众参与取得了邻避选址之中的罕见的成功案例。

韩国庆州是一个失去区域经济领导地位的城市，近年经济不景气。韩国氢核能电力公司许诺要将其总部从首尔搬到选址地点，这将会振兴当地的就业市场以及当地的经济。政府在发起地方的投票时，赋予了公民否决权。在这些新措施的实行之下，投票的结果显得尤为重要。2005 年 8 月，在各自的市民大会的同意下，有四座城市申请作为选址。政府宣布这四座城市中拥有最高支持率（各自市民为自己城市投支持 / 反对票）的，并且达到了作为核废料处理地的最低标准的城市将获得这个项目。四座城市都尽全力以获得市民的支持，强调这个项目将会给他们带来强有力的经济保障。过去的经验里，专家都认为大多数居民会持反对意见，而这一次却截然不同，选址竞争相当激烈。地方主义情绪和经济利益的驱动使得城市之间发起了激烈的竞争，公民握有否决权这一条件也极大地降低了公民对于邻避选址的方案与恐惧情绪。在竞选的过程之中，政府不断到民众当中宣传邻避风险有关的知识，动员民众为其投票，这使得政府主动进行风险沟通，缓解民众的邻避情绪。在这一案例之中，公众不仅仅没有强烈地表达出反对情绪，反而是积极投票，竞相争取氢核电力项目落建。

6.3　风险沟通

风险沟通（risk communication）主要涉及科学界、公众、政府、企业四个主体的信息交流。

公众与科学界的沟通关键在于如何将专业化的知识以通俗的形式传递给公众，使之能客观、科学地来认识风险。以PX项目为例，大众传媒广泛宣传的“PX的毒性和汽油、柴油差不多”“PX的致癌性与咖啡、咸菜等物质相同”等内容并没有受到公众的普遍理解和接受，这提示来自科学界与公众的风险沟通需要借助更加通俗易懂的形式以消除公众对安全的担忧（刘冰，2015）。公众与企业、政府的沟通要依靠政府搭建起一个沟通平台，充分尊重公众的知情权，将政府方和企业方所掌握的信息公开给民众，这不仅是促进决策程序公正的必要举措，也是提升公众对政府信任度的关键。总之，风险沟通应围绕民众，将多方利益关涉者组织起来，通过有效的沟通交流机制来促成理性沟通，从而规避可能的邻避冲突。

西方工业化国家在长期的危险设施选址实践中提供了一些相对有效的风险沟通策略，多年来，美国、加拿大、澳大利亚都在风险设施选址问题的解决中提供了一些较好的风险沟通案例。20世纪90年代初，美国亚特兰大市为制定一条高速公路的规划，由市政府搭建了政策讨论平台，所有利益相关方坐到同一个圆桌上，专业经验和本地知识之间、经济发展和环境安全之间展开了长达数年的公开辩论，最后在所有利益方的共同参与下制定了规划文件和建设协议。寻求共识的承诺有助于消除对不公正的控诉，最终的选址规划得到了广大市民的支持（Kunreuther，Fitzgerald，Aarts，1993）。加拿大在解决邻避问题的过程中，环保法律授权当地政府组织召集决策讨论会，建立危险设施的信息披露制度，明确了选址企业、技术专家和普通公众搜集和使用相关证据的平等权利，包括听证会、市民陪审团、审查委员会、全民公投等在内的一些民主形式都为我国的风险沟通模式提供了良好的范例（Rabe，1994）。此外，亚洲国家也有一些较好的风险沟通经验值得借鉴。日本在处理邻避设施时，由业主委员会、政府、项目单位三方进行谈判并签订“环保协议书”。明确回馈制度、监测公示制度、意外发生后的补救制度，由政府对协议进行担保，同时业主委员会应通过教育疏导社区居民，增加居民对政府和项目单位的信任度（吴云清、翟国方、李莎莎，2012）。

风险沟通薄弱有可能造成的后果是公众对潜在风险存在非理性认知，对具有大概率、高影响的重大风险视而不见，一些并不严重的风险却被严重地

“妖魔化”（刘冰、苏宏宇，2013)。首先，应当在选址早期占据风险沟通的主动权。早期环境决策的研究表明，信息披露的时机会对决策过程的效果产生重要影响。信息提供得越早，就有可能对决策产生较大的影响（Ingram，Ullery，1977）。其次，风险沟通者必须向公众提供科学客观的风险证据。这就需要沟通者审慎地采信各种风险分析和评估的技术分析结果，反复推敲各种证据的一致性，建立逻辑严密的沟通方案，不能出现前后矛盾的结论和证据，还需要针对不同的公众群体使用便于理解的解说方式。最后，应当对设施的潜在风险有充分的说明，并辅之可靠的安全技术。为了避免公众的过度担心，风险沟通者倾向于弱化风险描述，实际上这是一种不明智的沟通策略，在信息高度开放、快速流动的传播环境中，有关设施的危险信息不可能被完全封锁，避而不谈、含糊其辞只会把公众推向选址的对立面。因此，风险沟通的重点应该在应对风险的安全措施，而不是回避风险的客观存在。

总的来说，西方国家在进行风险沟通时最大的教训，是公众在进行对邻避项目的公开辩论时耗时持久，项目本身却几乎得不到进展。沟通时弱化风险、含糊其辞的表述，会让公众误以为是要回避风险的客观存在，反而激化矛盾。需要强调的是，风险沟通的重点不是将公众担忧的潜在风险隐藏，而是着重向公众表明相应的技术保障和安全措施。

6.4　经济补偿

由于邻避设施固有的风险分布不均衡性，一部分人会从中受益，而另一部分人需要承担风险，经济学家针对这个问题提出了经济补偿的解决方案（刘冰，2015）。在现实的邻避设施选址问题中，首选的选址原则应该是切实避免或减少风险，而不是对社区进行补偿。但是，即使采取了最完备的安全措施，残余风险和不确定性仍是不可避免的，这也需要合理的经济补偿方案来保证结果公平。

经济补偿方案类似一种“再分配”政策，人为地调整不平衡的收益和风险分布。补偿的方式可以是直接的货币补偿，也可以是提供福利保险、为选址社区建设公共设施、为社区的公益活动提供资金等其他间接的经济补偿。间接补偿并不以现金形式出现，大多数情况下会与当地需要和发展目标相关联（刘冰，2015）。陶鹏和童星（2010）则把补偿分为金钱补偿和非金钱补偿。金钱补偿包括直接给付金钱、税费减免、健康保险等；非金钱补偿包括为选址社区建设公共设施、提供医疗保健服务、保证房地产价格、提供就业、小区环境改善和提供公益基金支持等。

在一些特定的案例中，经济补偿方案的确扫平了危险设施选址的种种障碍。选址中的补偿安排和谈判在日本的发展十分先进和广泛。以日本的垃圾焚烧设施回馈制度为例，提供金钱性补偿之外，还包括提供就业岗位，在设施周边建设文体娱乐设施等（王奎明，2018）。法律要求设施运营方和社区就选址进行协议谈判，补偿标准和方式是在双方谈判的过程中通过讨价还价的方式逐步确立下来的（Lesbirel，1998）。Gregory 提出的两区模型（two-region model）也是一种值得参考的补偿方式，即在同一政府管辖下的两个区域，一区负责布局邻避设施，而另一区负责纳税，给邻避设施布局区域提供补偿。

经济补偿的有效性通常取决于特定的选址环境，可概括为以下几点：①如果受到质疑的设施没有对选址社区产生十分严重的风险，那么补偿一般会有助于选址的成功，这种低风险设施的例子包括监狱和机场等；②对于风险较大的设施而言，即使是十分慷慨的补偿也根本没有任何效果；③在一些案例中，如果设施看起来风险很大，那么补偿的增加会降低对设施的支持度（刘冰，2015）。

但值得注意的是，经济补偿方案并不总能奏效，有时还会带来负面影响。经济补偿方案通常只能在风险较低的领域提升公众对危险设施的接受度，而在诸如核废料存储库等高风险项目的选址中无能为力（Kunreuther，Easterling，1990）。也就是说，当风险超过一定的阈值，公众倾向于选择“绝对安全”和“零风险”。另外，如果补偿过程不公开透明，常常被指责为“贿赂”“收买”，往往还会激起更激烈的社会对抗。何艳玲 (2014) 也指出，有一些邻避设施并不能因为补偿而被居民接受。对于具有高风险的设施，如高放射性废料处置场、高放射性废料暂存场、低放射性废料处置场，补偿措施通常无影响力。因此，在补偿金之外，需要有更多的其他措施来促进共识。比如，可以组合利用经济补偿、土地指标补充、税费减免、增加就业以及与邻避设施相对的“愉悦设施”（如健身场所、休闲场所）的提供等各种政策手段，最大化实现收益和成本分摊的均衡。

由于经济补偿方案对邻避设施的接受度影响较为复杂，因此试图通过经济补偿解决选址问题的方案应该慎之又慎（刘冰、苏宏宇，2013）。一方面，经济补偿的方式方法容易引起争议，让公众产生“收买”“贿赂”等不良感受，容易产生抵触情绪；另一方面，研究者指出经济补偿在一定程度上“挤出”了公众出于社会公德心愿意承担一定风险的内在动机，在 PX 项目被明显“污名化”（stigma）的地区经济补偿手段已难以奏效。

第7章 京津冀协同发展中防范邻避风险的对策建议

7.1 将公众参与纳入程序

通过前面的分析可知，京津冀协同发展过程中的项目建设主要由行政主导，在项目的规划建设过程之中可能缺乏对公众意见的采纳，某一些可能存在邻避风险的项目在建设过程之中受到忽视。当公众参与的渠道阻塞时，利益相关各方的信息不对称，容易产生惧怕、抗拒的心理加上舆论的传播，可能会引发公众过度的风险感知，放大邻避情绪。石油化工企业、核电站、垃圾焚烧厂等具有高敏感性邻避设施规划建设的过程之中，应当让公众适当地参与，与公众共享信息，采纳公众意见。京津冀协同发展项目建设的特殊性也能为风险沟通提供便利——由于项目的重要性，专职负责京津冀协同发展的项目组在协调公众意见能够给予足够的重视，办事更为高效和积极。这样的条件优势配合科学的公众参与能够更加有效的缓解公众的邻避情绪。

尤其是在京津冀的区域生态治理问题上，可以寻找政府和市场手段之外的社会参与道路，即“第三条道路”。根据奥斯特罗姆的“多中心治理理论”，通过公众参与的方式（主要包括居民个人、环保团体或社区等自治方式）来推进生态保护，可以有效激发社会参与到公共环境保护中来的积极性，也是降低京津冀协同发展战略下环境性邻避事件爆发的方法。以京津冀的雾霾天气治理为例，除了工业污染外，机动车尾气也是主要的污染源之一，因此就需要提倡环保的生活方式。另外，公众参与可以形成有效的社会舆论监督机制，从而形成政府、市场和社会三方面进行区域生态治理的合力。（王家庭等，2014）

另外，公众参与的具体操作过程也有一定的科学方法。首先，公众参与的时机要恰当。如果公众在决策制定后以“被告知”的身份来参与决策规划，这可能并不对减轻公众邻避情绪起到实质作用。在项目规划的初期，政府和开发商应该引入公众参与，听取公众意见，更加及时协调和调整项目方案，反而更能降低风险治理成本。公众参与的程度视方案而定，不应该只停留于表面。公众的意见作为决策的参考应该具有一定的效力。公众的反对意见尤其应该受到重视，因为这是阻碍项目实施的一个实质力量，如果处理不妥当，可能会产生更大的不良影响。在决策制定过程之中，纳入考虑公众意见，协商出更优方案，有益于项目的建设和运营，具有长效的好处。

值得一提的是，非政府组织作为除政府、企业和民众几个主体外的“第三方”，也应被纳入公共参与的框架中。一是，非政府组织在邻避争议中不是直接的利益关涉者，可以起到良好的中介作用；二是，非政府组织的参与能够侧面给予政府一定的压力，在决策程序上对政府、企业起到监督作用。许多专业的环保 NGO 可以从环境专业角度为项目的选址和运行提出环保建议，是规避、控制环境风险的重要力量。

众多实例表明，非政府组织在我国的环境群体性事件中只能起到很小的作用，这与西方发达国家存在很大差距。因此，从体制上给予非政府组织更多活动的空间，在公众参与时更多地倾听非政府组织的声音，也是未来京津冀协同发展中防范邻避风险的重要举措。

7.2　搭建风险沟通平台

京津冀协同发展中的风险问题具有行政主导、跨区域和利益多元化的特殊性，在这样的背景下，政府搭建一个不同区域的多主体共享信息的风险沟通平台就尤为重要。

事实上，深入分析近几年的邻避冲突案例，我们可以看出，对于公民来说，不能接受政府对于公众意愿的漠视。几乎所有的项目，都是直到开发建设，公众才通过媒体、网络等渠道获知，人们的知情权和参与权得不到保证，引发公众不满。2007 年厦门反对 PX 事件中，在 3 月政协 1 号提案之前，厦门市民并不知道该项目的存在；2008 年上海反对磁悬浮联络线事件中，上海市民认为项目的公示方式、公示期限、意见沟通和信息封锁让他们很难参与到决策过程中（郑卫《邻避设施规划之困境——上海磁悬浮事件的个案分析》，城市规划，2011 年第 2 期）2009 年番禺事件中，从选址、审批到最后的通报，整个过程中没有听证、没有征求居民的意见，而直到 2009 年 9 月，居民才通过媒体、网络等民间渠道得知这一消息（羊城晚报报道：广州市规划局称番禺垃圾焚烧厂正在评估，羊城晚报，2009 年 11 月 15 日）。

中央和三地地方政府在行动中不能过于依赖专家，这样的决策模式较为封闭和单一，即便在技术层面上有可信度，但不利于建立起公众对政府、专家的信任，为邻避冲突的发生埋下隐患。马奔等（2014）指出，政府长期以来是倚重于专家决策，这种决策结构预设了风险问题的技术性和复杂性，超越了普通居民的知识，如果再缺乏完善的风险沟通机制，民众对风险的不理解就会导致对专家的信任危机，就会排斥邻避设施的建立。

陶鹏也指出，现代风险管理的动机就是强调沟通的风险理性（risk rationality），借助风险沟通、评估来建立具有集体意识的风险认知与态度，进一步选择适当的风险管理方法来解决各项现代社会风险。政府必须树立风险管理意识，在一个开放和富有弹性的思维模式下，全方位的认识各种风险可能的来源和后果，强调整体关联性、不执迷于专业性，全面提升自身的风险管理能力，从而在风险社会的图景中找准自己的定位，采取合理的措施，消减风险及其后果。

有时候邻避设施附近居民诉求的焦点不在于未得到合理的补偿，而在于政府在邻避设施的决策中，忽视了居民的主体地位，不尊重居民的参与权利，缺乏完善有效的政策参与、利益协调以及监督反馈过程，居民很难在政策规划阶段就表达自己的立场和利益，民众对决策的合法性产生质疑，从而对政府失去了信任，这形成了邻避冲突的心理基础，也加大了邻避冲突的可能性（马奔等，2014）。

综上所述，吸取以往邻避冲突因缺乏沟通而导致的后果，京津冀协同发展的这个“协同”必须依靠建立跨区域、多主体的沟通机制来达成。依托京津冀三地的风险沟通平台，实现信息的双向流通，既能“自上而下”保障居民的知情权、参与权，又能使民众的意愿、期望及意见得到“自下而上”的反馈。京津冀协同发展过程中大型的邻避项目不能依靠政府强行选址、建设，动态的风险沟通可以促进三地间民众对政府、专家的信任，加强对项目本身的了解，从而推动项目在符合安全技术标准的同时，合乎民意地实施。

7.3　建立相对完善的补偿机制

经济补偿是一种比较容易实现的缓解邻避风险的措施。在京津冀协同发展的项目建设过程中，会涉及非意愿的土地使用，同时某些项目设施也会产生一些负外部效应。因此，经济补偿能够在一定程度上缓解这种邻避情绪。

针对京津冀协同治理下的环境污染问题，王遥和潘冬阳（2015）提出必须从财税政策协调机制、生态补偿机制、区域碳交易机制以及融资激励机制这四个方面入手，建立经济补偿机制。

第一，创新京津冀地区的财政管理体制，创造条件积极推动京津冀地区公共服务和税收征管的一体化，设立京津冀地区财政委员会，负责统一管理和分配促进京津冀地区协同发展的专项转移支付，包括环境治理的转移支付；同时负责建立和健全区域内税收分享机制和财政转移支付机制。中央财政可以将专项转移支付统一划拨给京津冀地区财政委员会管理，由该委员会在区域内自行协商再分配办法，确保在区域内部优化财政资源的使用。另外，可以征收环境税，如针对京津冀地区的雾霾天气加快推进环境保护费改税，并将其作为地方税种，充实地方财力，加强环境保护。

另外，完善京津冀区域大气污染治理的公共财政体制与保障机制。要实现三地联动、区域一体化的财税政策协调，必须打破公共财政体制与机制上的分割状态，克服多头治理、资源错配的弊端，合理划分政府环境保护事权与财权。同时应调整完善环境保护专项资金制度，并建立完善的环境保护绩效评价制度。

第二，推动建立京津冀环境协同治理的生态补偿机制。推动京津冀区域生态补偿机制，实质在于重新分配京津冀三地之间的部分财政收入，目的在于建立公平合理的激励机制，使整个区域能够发挥出整体的最佳效益。建立规范的“中央—京津冀地区”区域纵向生态转移支付机制。京津冀生态环境相对脆弱、开发强度过大、资源环境约束凸显，因此在环境治理方面，需要中央财政给予专项转移支付，将京津冀北部的生态功能区从优化发展区中独立出来，建立国家生态补偿机制，加大中央对张家口和承德地区的纵向转移支付。京津冀三地还需研究制定统一的生态红线划定标准，努力破除行政壁垒，建立统一、开放、竞争、有序的区域节能低碳环保市场，促进人才、资本、信息、技术等生产要素实现无障碍流动，让市场机制在区域合作中真正发挥决定性作用。

创建区域内的横向生态财政转移支付机制。在京津冀地区间税源、财源分享的基础上，建立三地横向财政转移支付机制，使作为京津两地绿色屏障的河北，在作出贡献的同时获得相应补偿。目前，京津冀北部的生态功能区，包括河北的张家口、承德，北京的平谷、密云，天津的蓟州，基本属于禁止开发区，因此三省市应增加对该地区的财政支持。具体而言，一是河北省内要倾斜发展，建立省扶贫财政稳定增长机制；二是北京、天津可参照对口援助新疆等地的模式、标准、规模，帮扶河北发展。

第三，启动京津冀区域碳排放权交易机制。目前，北京、天津、河北已陆续启动碳排放权交易试点。碳交易机制的有效运行，能够发挥其环境协同治理作用，实现节能、减排、大气防污和雾霾控制的综合效果。

建立体现补偿机制的区域碳交易市场。根据国家发改委规划，未来三年内将建成全国碳排放权交易市场，应利用京津现有碳市场经验，着手开展与河北省企事业单位在二氧化碳排放核算、核查、配额核定、市场监管等方面的合作研究，支持河北省企事业单位在其他协议省市实施二氧化碳减排项目，为下一步全国统一碳市场的建立打好基础。

发展以公共碳基金为主体的碳市场机构。通过一系列公私合作机制的灵活使用，实现与金融市场的连接，提高碳市场的资产化和金融化水平。

创新行之有效的碳市场工具。京津冀三省市政府均是当地低碳转型支出的主要承担者，应采取激励措施，鼓励地方积极创新有特色的融资工具，并通过创新的碳市场工具，实现京津两地对河北的生态补偿。

出台适当的区域碳市场政策。碳市场政策包括对碳市场、机构和工具的激励和治理政策，以及利用市场机制配置中央财政大气治理资金的政策。碳市场政策是由国家发改委和地方发改委共同推动的，在环境保护方面还需要和各地区其他政府部门进行相应的协调。

第四，创新京津冀环境协同治理的融资激励机制。除了财税、生态补偿、碳交易等涉及财政协同治理的政策工具，还要通过金融市场政策创新，影响市场主体的经济行为，配置环境资源，激励社会民营资本进入环保领域，调动资本市场投入环保产业的积极性。

建立政府引导型的京津冀区域环保基金。由京津冀三地政府共同发起，设立政府引导型区域环保基金，引导社会资本投向环保产业。对于京津冀区域环保基金出资占比，政府不应超过 30%，也不作为主要合伙人进入基金的管理机构，而是作为有限合伙人，使该基金可以市场化运作。政府出资的目的，在于引导市场资金流向环保领域，同时在一定程度上解决环保技术和环保企业缺乏启动资金的问题。

综合构建京津冀环境保险体系。建立京津冀环境风险管理制度的整体框架，以此为基础，分析环境保险与其他风险管理方法的不同特点及其适用性。以京津冀区域环境风险分担为目标，从观念、管理、政策激励、巨灾损失分担机制和绿色产品创新等角度，提出京津冀环境保险体系创新发展的思路框架及保障措施。

但是在经济补偿，需要注意补偿的程度与补偿的公平性。补偿的金额需要覆盖居民承受的损失，如被征用了宅基地的居民的住所问题应该得到妥善解决，因被征用生产用地而失业的农民也需要得到补偿，并且需要在就业方面进行扶持。不同地域之间补偿以及不同群体之间补偿的公平性需要进行统一。例如，同样因为兴建北京新机场而被征用土地的居民，河北与大兴两个不同行政区域之间的补偿需要进行协调统一，如果一方产生相对剥夺感，那么就存在着邻避风险的隐患。

非经济补偿，如完善邻避设施附近的基础设施、提供邻避设施附近居民的社会保障，在一定程度上相较单纯的经济补偿可能产生更好的缓解邻避情绪的效果。例如，在产业转移的接收地，为受邻避设施影响的居民提供更低门槛的入职机会，使得当地原本从事劳动报酬更低的居民进入新转移的产业之中务工。此外，帮助某些尚未进入社会保障体系的居民帮助购买社会保险也是一种能够缓解居民的反对情绪。对于某些具有负外部效应的设施，如会产生一定噪声而扰民的高速公路、机场，可以通过完善周围的隔音带、保证设施与居民区距离科学等方法尽可能地减小对居民的影响。

于彦梅等认为，应该建立起多层次、多方位的补偿机制，除了采用公共财政支付、设立区际生态补偿基金、建立政府引导下的市场交易机制等经济补偿手段，还可以实施异地开发，以补偿冀北地区为生态保护和建设而付出的发展机会成本。就京津冀地区的生态问题而言，可以寻找适当地区并在区内划出一块土地，安排冀北水源涵养区、风沙源治理区不能建设的污染项目，此类项目的收益由冀北地区享有，变赔偿型补偿为开发型补偿，变输血型补偿为造血型补偿，从而保证区际环境保护补偿的长效性。这种补偿方式的具体实施可以参照有关专家提出的异地开发模式分阶段进行：在冀北地区发展初期，采用内部异地开发的模式，集中设立开发区，形成产业聚集，建立完善的环境保护基础设施并实施严格的管理；冀北地区发展到一定规模时，受益地区必须采取具体措施为其提供发展空间，承接其产业转移和吸纳其招商引资项目，促进环境保育地区经济发展和产业提升；发展到一定阶段时，区域之间的异地发展模式不利于管理、不利于环境保育地区城乡一体化发展等弊端会更加突出，这时应当在产业提升的基础上，在该地区集中发展替代产业，重新利用区域内异地开发的方式形成新兴产业的聚集和发展（万军等，2004）。

这样可以有效缓解环境风险的负外部性——成本由少部分人承担，利益却由京津冀大部分地区共享而带来的区域不公平，通过补偿使邻避风险的发生概率大大降低。

类似的非经济补偿还有开展技术援助、制定合理的补偿标准、完善相关法律法规等。技术援助既包括为受偿方及时提供节能减排技术，以保证受偿方能够为京津二市提供更多的环境容量，还包括协助受偿方进行科学的产业规划、城市发展规划，将京津周边地区的环境改善纳入自身的城市发展战略规划当中，实行以海河流域生态系统为单位的全面管理。这种援助方式应由政府主导，同时，也应鼓励建立专门的NGO组织参与技术援建及规划的制定。发达国家在环保方面之所以做得很成功，其中一个原因就是得益于环保

NGO 组织，如塞拉俱乐部、世界自然基金会、绿色和平以及大自然保护协会等在环境政策的制定上都有自身的政治经济影响力。因此，可以建立专门的京津冀区际环保 NGO 组织，这不仅有利于区际政策的制定及生态补偿制度的落实，而且也是保障环境保护法的公众参与原则得到实现的重要方式。

关于合理的补偿标准，京津冀区际生态补偿标准如何界定，学术界提出了两种思路：一是效益补偿，即按照生态受益地区获得的生态收益大小进行补偿；二是成本分担，即按照环境保育和生态建设地区生态治理成本在相关区域之间进行分摊。

至于生态环境补偿的法律法规，于彦梅等认为可以对生态补偿进行单向立法，并制定京津冀区际生态补偿的法律法规。鉴于京津冀区域的重要地位，应当由国家环保部等部门连同京津冀三个省级行政区设立共同的协调机构，在协商的基础上对区际生态补偿的主体、模式、标准以及相关各方的责任权利义务进行明确；将一些在实践中行之有效的环境政策及时上升为法律规范，依法加以保障。在与生态补偿相关的国家层面的法律法规出台后，京津冀还可以在法律、行政法规的基础上，再进一步制定或完善具体的补偿办法。

王家庭等从生态治理的角度指出，可以利用行政和市场双重手段实现京津冀区域生态治理的成本共担和收益共享，增加不同地区参与生态治理的动力。这也为防范、控制京津冀协同治理下的环境性邻避事件提供了思路。就政府而言，通过合理评估，按照“谁污染、谁治理，谁受益、谁付费”的原则，建立成本的分摊机制。同时，由于京津冀地区的生态脆弱区同样也属于贫困地区，因此可以通过财政支付转移、技术援助以及传统产业改造等手段来补偿生态脆弱区。换言之，经济手段和非经济手段可以相结合，对京津冀协同发展下承担较多成本、处于相对弱势的地区进行补偿，从而达到生态治理和风险防范的作用。

参考文献

【1】Beck, U. 1992. Risk society: Towards a new modernity. London: Sage.

【2】Bell, Derek, Tim Gray, Claire Haggett, Joanne Swaffield. 2013. Re-visiting the 'social gap' : public opinion and relations of power in the local politics of wind energy. Environmental Politics, 22 (1):115-135.

【3】Besley, John C. 2011. Does Fairness Matter in the Context of Anger About Nuclear Energy Decision Making? Risk Analysis, 32 (1):25-38.

【4】Burningham, Kate, Julie Barnett Walker, Gordon. 2015. An Array of Deficits: Unpacking NIMBY Discourses in Wind Energy Developers' Conceptualizations of Their Local Opponents. Society & Natural Resources, 28 (3):246-260.

【5】Chung, Ji Bum, Hong-Kyu Kim. 2009. Competition, economic benefits, trust, and risk perception in siting a potentially hazardous facility. Landscape and Urban Planning, 91 (1):8-16.

【6】Dan, Van Der Horst. 2007. NIMBY or not? Exploring the relevance of location and the politics of voiced opinions in renewable energy siting controversies. Energy Policy, 35 (5):2705-2714.

【7】Dear, Michael. 1992. Understanding and overcoming the NIMBY syndrome. Journal of the American Planning Association, 58 (3):288.

【8】Devine-Wright, P. 2005. Beyond NIMBYism: Towards an Integrated Framework for Understanding Public Perceptions of Wind Energy. Wind Energy, (8):125-139.

【9】Devine-Wright, Patrick. 2012. Renewable energy and the public: from NIMBY to participation. London: Earthscan. Earthscan, 32 (2): 247-249.

【10】Devine-Wright, Patrick. 2009. Rethinking NIMBYism: The role of place attachment and place identity in explaining place-protective action. Journal of Community & Applied Social Psychology, 19 (6):426–441.

【11】Easterling, Doug, Howard Kunreuther. 1995. The dilemma of siting a high-level nuclear waste repository. Boston, MA: Kluwer Academic Publishers.

【12】Haggett, Claire. 2011. Understanding public responses to offshore wind power. Energy Policy, 39 (2):503-510.

【13】Ingram, H. M. , S. J. Ullery. 1977. Public participation in environmental decision-making: substance or illusion. New York: Wiley: 123-139.

【14】Irwin, A., M. Michael. 2003. Science, social theory and public knowledge. Maidenhead, UK: Open University Press.

【15】Ji, Bum Chung, Hong Kyu Kim. 2009. Competition, economic benefits, trust, and risk perception in siting a potentially hazardous facility. Landscape & Urban Planning, 91 (1):8-16.

【16】Kempton, Willett, Jeremy Firestone, Jonathan Lilley, Tracy Rouleau, Phillip Whitaker. 2005. The Offshore Wind Power Debate: Views from Cape Cod. Coastal Management, 33 (2):119-149.

【17】Kunreuther, Howard, Douglas Easterling. 1990. Are risk-benefit tradeoffs possible in siting hazardous facilities? The American Economic Review, 80 (2):252-256.

【18】Kunreuther, Howard, Douglas Easterling, William Desvousges, Paul Slovic. 1990. Public attitudes toward siting a high - level nuclear waste repository in Nevada. Risk Analysis, 10 (4):469-484.

【19】Kunreuther, Howard, Kevin Fitzgerald, Thomas D. Aarts. 1993. Siting Noxious Facilities: A Test of the Facility Siting Credo. Risk Analysis, 13 (3):301-318.

【20】Lesbirel, S. Hayden. 1998. NIMBY Politics in Japan: Energy Siting and the Management of Environmental Conflict. Ithaca, NY: Cornell University Press.

【21】O'Hare, Michael, Lawrence Bacow, Debra Sanderson. 1983. Facility siting and public opposition. New York: Van Nostrand Reinholt.

【22】O'Hare, Michael, Debra Sanderson. 1993. Facility siting and compensation: Lessons from the Massachusetts experience. Journal of Policy Analysis and Management, 12 (2):364-376.

【23】Portney, Kent E. 1991. Siting hazardous waste treatment facilities: the NIMBY syndrome. Westport, CT: Auburn House.

【24】Rabe, Barry G. 1994. Beyond NIMBY: Hazardous Waste Siting in Canada and the United states. Washington, D. C.: The Brookings Institution.

【25】Renn, Ortwin. 2015. Stakeholder and Public Involvement in Risk Governance. International Journal of Disaster Risk Science, 6 (1):8-20.

【26】Ringquist, Evan J. 1997. Equity and the distribution of environmental risk: the case of TRI facilities: research on the environment. Social science quarterly, 78 (4):811-829.

【27】Schively, Carissa. 2007. Understanding the NIMBY and LULU Phenomenon: Reassessing Our Knowledge Base and Informing Future Research. Journal of Planning Literature, 21 (3):255-266.

【28】Siegrist, Michael, George Cvetkovich. 2000. Perception of Hazards: The Role of Social Trust and Knowledge. Risk Analysis, 20 (5):713-720.

【29】Slovic, Paul, Melissa L. Finucane, Ellen Peters, Donald G. MacGregor. 2007. The affect heuristic. European Journal of Operational Research, 177 (3):1333-1352.

【30】Sturgis, Patrick, Nick Allum. 2004. Science in Society: Re-Evaluating the Deficit Model of Public Attitudes. Public Understanding of Science, 13 (1):55-74.

【31】Wolsink, Maarten. 2000. Wind power and the NIMBY-myth: institutional capacity and the limited significance of public support. Renewable Energy, 21 (1):49-64.

【32】M Wolsink. 2012. Undesired reinforcement of harmful 'self-evident truths' concerning the implementation of wind power. Energy Policy, 48:83-87.

【33】Wynne, Brian. 1991. Knowledges in Context. Science Technology & Human Values, 16 (1):111-121.

【34】Brian Wynne. 2001. Creating Public Alienation: Expert Cultures of Risk and Ethics on GMOs. Science As Culture, 10 (4):445-481.

【35】薄文广，陈飞 . 2015. 京津冀协同发展：挑战与困境 . 南开学报 (哲学社会科学版), (01):110-118.

【36】薄文广，殷广卫 . 2017. 京津冀协同发展：进程与展望 . 南开学报 (哲学社会科学版), (06):65-75.

【37】蔡欣欣，宋鹏 . 2015. 河北省城镇化进程中的邻避事件及应对经验——基于对河北几起典型邻避案例的分析 . 北京：社会科学文献出版社 : 228-239.

【38】陈宝胜 . 2012. 公共政策过程中的邻避冲突及其治理 . 学海 , (05):110-115.

【39】陈静亚 . 2011. 环境影响评价中的公众参与组织化——以厦门 PX 项目中"散步事件"为例 . 北方环境 , (12):12-14.

【40】丛屹，王焱 . 2014. 协同发展、合作治理、困境摆脱与京津冀体制机制创新 . 改革 , (06):75-81.

【41】崔晶，亓靖 . 2017. 邻避事件中地方政府行为选择探析——以北京阿苏卫邻避抗争事件为例 . 南京工业大学学报 (社会科学版), (04):28-39.

【42】范履冰，俞祖成 . 2008. 公共危机中的非政府组织功能分析——以“厦门 PX 事件”为例 . 理论探索，(05):113-116.

【43】巩竞 . 2017. 京津冀协同发展视域下的邻避型群体性事件诱因分析 . 武警学院学报，(01):87-91.

【44】管在高 . 2010. 邻避型群体性事件产生的原因及预防对策 . 管理学刊，(06):58-62.

【45】桂昆鹏 . 2013. 环境正义视角下的邻避设施布局和规划策略研究 . 南京大学 .

【46】何艳玲 . 2006. 邻避冲突及其解决：基于一次城市集体抗争的分析 . 公共管理研究，(00):93-103.

【47】何艳玲 . 2009.“中国式”邻避冲突：基于事件的分析 . 开放时代，(12):102-114.

【48】何艳玲 . 2014. 对“别在我家后院”的制度化回应探析——城镇化中的“邻避冲突”与“环境正义”. 人民论坛 · 学术前沿，(06):56-61+95.

【49】侯璐璐，刘云刚 . 2014. 公共设施选址的邻避效应及其公众参与模式研究——以广州市番禺区垃圾焚烧厂选址事件为例 . 城市规划学刊，(05):112-118.

【50】胡象明，王锋 . 2014. 一个新的社会稳定风险评估分析框架：风险感知的视角 . 中国行政管理，(04):102-108.

【51】黄朝雄 . 2014. 我国垃圾焚烧厂邻避效应实证研究 . 清华大学 .

【52】黄汇娟 . 2012. 邻避情结与邻避治理——番禺垃圾焚烧厂设置的个案分析 . 广东广播电视大学学报，(02):99-104.

【53】李晨 . 2011. 国内外对二甲苯发展现状及趋势分析 . 中国石油和化工经济分析，(10):9-11.

【54】李春雷，凌国卿 . 2015. 环境群体性事件中微社群的动员机制研究——基于昆明 PX 事件的实地调研 . 现代传播 (中国传媒大学学报), (06):61-66.

【55】李际 . 2016. 我国 PX 项目邻避事件的伦理审视 . 工程研究 - 跨学科视野中的工程，(01):63-72.

【56】李小敏，胡象明 . 2015. 邻避现象原因新析：风险认知与公众信任的视角 . 中国行政管理，(3).

【57】李永展 . 1997. 邻避症候群之解析 . 都市与计划，24(1):69-79.

【58】李佐军，陈健鹏，杜倩倩 . 2016. 城镇化过程中邻避事件的特征、影响及对策——基于对全国 96 件典型邻避事件的分析 . 北京：国务院发展研究中心资源与环境政策研究所 .

【59】林本 . 2010. 影响厦门城市居民有序环境抗争的各因素分析 . 中共福建省委党校学报，(04):77-83.

【60】刘冰 . 2015. 邻避设施选址的公众态度及其影响因素研究 . 南京社会科学，(12):62-69.

【61】刘冰 . 2016. 风险、信任与程序公正：邻避态度的影响因素及路径分析 . 西南民族大学学报 (人文社科版), (09):99-105.

【62】刘冰，苏宏宇 . 2013. 邻避项目解决方案探索：西方国家危险设施选址的经验及启示 . 中国应急管理，(8):49-53.

【63】刘雅静，唐利 . 2014. 邻避冲突：缘起、成因与治理研究——基于系列 PX 事件的分析 . 宁夏党校学报，(04):62-65.

【64】娄胜华，姜姗姗 . 2012.“邻避事件”在澳门的兴起及其治理——以美沙酮服务站选址争议为个案 . 中国行政管理，(04):114-117+99.

【65】马奔 . 2015. 邻避设施选址规划中的协商式治理与决策——从天津港危险品仓库爆炸事故谈起 . 南京社会科学，(12):55-61.

【66】尼克拉斯 · 卢曼 . 2005. 信任：一个社会复杂性的简化机制 . 上海：上海人民出版社 .

【67】沙勇忠，曾小芳 . 2013. 基于扎根理论的环境维权类群体性事件演化过程分析——以厦门 PX 事件为例 . 兰州大学学报 (社会科学版), (04):94-101.

【68】孙久文，原倩 . 2014. 京津冀协同发展战略的比较和演进重点 . 经济社会体制比较，(05):1-11.

【69】汤汇浩 . 2011. 邻避效应：公益性项目的补偿机制与公民参与 . 中国行政管理，(7):111-114.

【70】陶鹏，童星 . 2010. 邻避型群体性事件及其治理 . 南京社会科学，(8):63-68.

【71】万军，张惠远，葛察忠，王金南，高树婷 . 2004. 广东省生态补偿机制研究 . 2004 生态保护与建设的补偿机制与政策国际研讨会 .

【72】王佃利，徐晴晴 . 2012. 邻避冲突的属性分析与治理之道——基于邻避研究综述的分析 . 中国行政管理，(12).

【73】王家庭，曹清峰 . 2014. 京津冀区域生态协同治理：由政府行为与市场机制引申 . 改革，(05):116-123.

【74】王奎明 . 2018. 我国近七成民众表示接受邻避回馈制度 . 澎湃新闻 .

【75】王顺，包存宽 . 2015. 城市邻避设施规划决策的公众参与研究——基于参与兴趣、介入时机和行动尺度的分析 . 城市发展研究，(07):76-81.

【76】王遥，潘冬阳 . 2015. 京津冀协同治理，经济补偿很关键 . 环境经济，(Z7):20.

【77】吴云清，翟国方，李莎莎 . 2012. 邻避设施国内外研究进展 . 人文地理，(06):7-12+42.

【78】谢岳，党东升 . 2013.“维稳”的绩效困境：公共安全开支视角 . 同济大学学报（社会科学版），(06):90-100.

【79】杨宏山，石晋昕 . 2018. 从一体化走向协同治理：京津冀区域发展的政策变迁 . 上海行政学院学报，(01):65-71.

【80】虞铭明，朱德米 . 2015. 环境群体性事件的网络舆情扩散动力学机制分析——以“昆明 PX 事件”为例 . 情报杂志，(08):115-121.

【81】张乐，童星 . 2010. 污名化：对突发事件后果的一种深度解析 . 社会科学研究，(06):101-105.

【82】张乐，童星 . 2013.“邻避”行动的社会生成机制 . 江苏行政学院学报，(01):64-70.

【83】张云，张贵祥 . 2009. 基于区域一体化的生态经济发展研究——以京津冀北为例 . 经济与管理，(03):63-67.

【84】赵定东，谢攀科 . 2015. 中国邻避事件的内在机理与利益规避 . 社会科学战线，(09):199-204.

【85】郑卫 . 2013. 我国邻避设施规划公众参与困境研究——以北京六里屯垃圾焚烧发电厂规划为例 . 城市规划，(08):66-71+78.

【86】周立娟 . 2015. 新媒体时代的政府风险沟通研究 . 青岛：山东大学 .

【87】周立群，曹知修 . 2014. 京津冀协同发展开启经济一体化新路径 . 中共天津市委党校学报，(04):100-104.

【88】朱德米，虞铭明 . 2015. 社会心理、演化博弈与城市环境群体性事件——以昆明 PX 事件为例 . 同济大学学报（社会科学版），(02):57-64.

【89】邹积超 . 2014. 邻避问题化解的法治路径——以杭州中泰九峰垃圾焚烧厂事件为例 . 环境保护，(16):51-54.